众国之国
联合国

庞 森等 编著

图书在版编目(CIP)数据

众国之国联合国 / 庞森等编著. -- 长春：吉林人
民出版社, 2012.4
　　（青少年常识读本. 第2辑）
　　ISBN 978-7-206-08806-3

Ⅰ.①众… Ⅱ.①庞… Ⅲ.①联合国 – 青年读物②联
合国 – 少年读物 Ⅳ.①D813.2-49

中国版本图书馆CIP数据核字(2012)第068167号

众国之国联合国
ZHONGGUO ZHIGUO LIANHEGUO

编　　著：庞　森　等
责任编辑：田子佳　　　　　　　　封面设计：七　洱
吉林人民出版社出版 发行（长春市人民大街7548号　邮政编码：130022）
印　　刷：北京市一鑫印务有限公司
开　　本：670mm×950mm　　　　1/16
印　　张：13　　　　　　　　　字　　数：150千字
标准书号：ISBN 978-7-206-08806-3
版　　次：2012年7月第1版　　　印　　次：2023年6月第3次印刷
定　　价：45.00元

如发现印装质量问题，影响阅读，请与出版社联系调换。

联合国的诞生

关于联合国

目录 CONTENTS

维和

裁军

CONTENTS 目录

促进发展

CONTENTS

人权

国际法

中国与联合国

CONTENTS 目录

联合国的诞生

　　第二次世界大战结束后，世界何去何从，成为各国面临的一大问题。是像以往历次战争之后那样对战败国给予报复性的惩罚，瓜分其殖民地，由战胜国重新划分势力范围？还是建立一个普遍性的国际组织，制定公正的国际法原则，设立集体安全机制，共同维持世界和平与安全？联合国的创始人选择了后者。1945年，联合国在二战的废墟上成立了。这个组织的成立使人类进入了一个新的历史时代。

联合国：
理想与现实的结合

1945 年，联合国在二战的废墟上成立了。这个组织的成立使人类进入了一个新的历史时代。

诚然，我们生活的世界并不是一个理想化的世界，联合国也不是一个十全十美的组织。60 年来，世界形势已经发生了很大的变化，联合国所关心的领域已经远远超出当年设想的范围，它所要承担的许多任务是其创始者们所无法料及的。联合国自身也存在着机构重叠、冗员沉重、管理不善、效率低下等问题。联合国维和部队及食油食品项目中曝光出来的各种丑闻都对联合国的声望造成很大伤害。

1999 年，北约以人道主义干预为由进行了科索沃战争。2003年，一些国家组成的联军在没有联合国安理会授权的情况下发动了伊拉克战争，联合国宪章的宗旨和原则被踏在了脚下。面对违反国际法的行为，联合国束手无策。现实与理想之间、人们对联合国的期盼与联合国的客观能力之间出现较大的差距，这造成不少人对联合国的失望。

但是，并不能因为联合国有缺陷而否认联合国的成就和积极作用。《联合国宪章》表达了联合国创始人们的理想，确立了各国主权平等、不干涉内政、不使用武力及和平解决争端等国际法原则。并将实现和平、促进发展、保护人权等列为联合国的宗旨。这些思想代表了世界各国人民的普遍追求。

联合国成立后，通过了《给予殖民地国家和人民独立宣言》。在联合国的推动下，非殖民化进程迅猛发展，大批殖民地获得独立，并先后加入联合国。联合国会员国今天已增加到192个，几乎包括了世界上的所有国家。

联合国确立了以安理会为核心的集体安全体制。安理会根据国家主权不容侵犯、和平解决国际冲突等国际公认准则，协调有关国家立场，体现多数国家意愿，对国际冲突进行调处。联合国具有普遍性，在制定重大政策决定时，所有国家都有发言权。

联合国具有公正性，不代表任何国家和商业利益，能够与各国及其人民建立信任关系，提供援助不附加条件。联合国成立以后，在促进世界经济、社会、文化发展和交流方面发挥了积极作用，在消除贫困、解决难民问题、保护环境和资源、保护妇女儿童权利、消除种族歧视、推动全球合作、打击毒品走私等方面做出了重要贡献。

在国际裁军和军控方面，国际社会在联合国框架内谈判达成了多项裁减和控制军备、防止武器扩散等方面达成了多项协议，对缓和国际局势及遏制军备竞赛势头大有裨益。

今天，联合国作为世界上最大的政府间国际组织，其作用是任何国家、国家集团或其他组织所无法取代的。

战火中诞生的国际组织

1939年9月，第二次世界大战全面爆发。为争取美国提供武器援助，英国首相丘吉尔于1941年8月与美国总统罗斯福会面。双方就一系列重大问题达成了一致意见，并签署了《大西洋宪章》，表示要在纳粹暴政被最后毁灭后建立一个广泛、永久的普遍安全制度负责维护国际安全。苏联政府发表声明支持《大西洋宪章》的基本原则。日本偷袭珍珠港后，美国宣布正式参战，加入了国际反法西斯阵营。

1942年1月，中、美、英、苏等26个反法西斯同盟国在华盛顿签署了《联合国家宣言》，承诺全力以赴同轴心国作战到底，决不与敌国单独媾和。宣言第一次使用了"联合国家"（United Nations）的名称。

1943年3月，罗斯福向丘吉尔谈了他对未来国际组织的三点设想：（1）必须能够切实有效地维护和平，防止侵略国再发动新的世界大战；（2）美国必须在这个组织中起领导作用；（3）这个组织必须争取苏联的支持与合作，还应给予中国大国地位。

1943年11月，美、英、苏、中签署了《莫斯科宣言》，四国同意在主权平等的基础上早日建立一个由所有热爱和平的国家组成的普遍性国际组织，以维护国际和平与安全。

为落实上述设想，中、美、英举行开罗会议，通过了具有历史意义的《开罗宣言》。随后，美、英、苏举行德黑兰会议。罗斯福在会上提出了建立国际组织的具体计划，国际组织的大会由所有会员国组成，执行理事会由美、英、苏、中组成，加上其他地区的代表共10个成员。英苏两国表示同意。会议发表了《德黑兰宣言》。

1944年秋天，中、美、英在华盛顿附近的敦巴顿橡树园开会起草《联合国宪章》，确定了联合国的宗旨和原则、会员国资格、主要机构、职权范围等。中国派代表团出席会议，并对宪章的起草做出了积极贡献。

1945年2月4日至11日，斯大林、罗斯福、丘吉尔在雅尔塔举行会议，最后敲定联合国创始会员国、安理会常任理事国的否决权等问题，并达成雅尔塔密约，为二战后的世界格局定下框架。

1945年4月25日，联合国在美国旧金山市的大歌剧院隆重举行制宪会议。参加会议的有50个国家的代表团，与会代表、随行人员、大会工作人员、记者超过5000人。中国首席代表为中华民国代理行政院长兼外交部长宋子文，中国共产党的代表董必武是中国政府代表团的正式成员。

这次会议历时两个月。6月25日，会议一致通过了《联合国宪章》，50个国家的代表在宪章上签字。波兰没有参加此次会议，但后来签署了《联合国宪章》，成为联合国51个创始会员国之一。1945年10月24日，宪章生效，联合国正式宣告成立。这一天被定为"联合国日"。

联合国总部的选址及建造

　　刚刚成立的联合国没有固定的总部和会址。联合国的制宪会议是在美国旧金山市的大歌剧院召开的，1946年2月14日，第一届联大则是在英国的伦敦举行，51个创始会员国与会。当年讨论联合国总部设在哪里的时候，美国和几个欧洲大国曾进行过激烈的争论。各方都希望成为联合国的东道国。最后联合国决定把总部设在美国。

　　在选定美国之后，联合国专门成立了一个选址委员会，在1946年的下半年考察了几个城市，如费城、波士顿和旧金山。尽管优先考虑的选址是纽约市以北的几个地方，但当时选址委员会并没有对拥挤的曼哈顿进行认真研究。在确定选址的最后时刻，美国巨富小洛克菲勒主动提出捐赠850万美元，买下了纽约曼哈顿岛靠近东河、面积达18英亩的一片地皮，供联合国修建总部。

　　选址一旦确定，接下来的工作是设计联合国总部。联合国不打算搞国际招标竞争，而是决定从各国聘请著名建筑师共同合作完成建筑设计工作。来自美国的沃里斯·哈里森被任命为总建筑师，其头衔是规划部主任。

　　1947年年初，来自五大洲的10名最杰出的建筑师、规划部主任及其顾问委员会齐聚纽约的洛克菲勒中心，开始联合国总部大楼的规划设计工作。这10位建筑师均由有关国家政府提名。中国著名建筑学家梁思成亦名列其中。经过反复的评估和分析，最终确定联合国总部由秘书处大厦、大会大厦、会议楼区域（包括各理事会会议厅）和图书馆等四大主体建筑物组成。为了给联合国总部建设筹措资金，美国政府向联合国提供了一笔6500万美元的无息贷款。联合国按分期付款的方式还贷，最后一笔贷款100万美元于1982年付清。

在1949年10月24日举行的奠基仪式上，联合国首任秘书长特里格夫·赖伊为建筑物奠基。奠基石上镌刻着"联合国"的字样，分别用1949年开始使用的联合国5种官方语言（即中文、英文、法文、西班牙文和俄文）书写，日期则用罗马数字写成。奠基石用常规方法制作，内置一金属盒，里面存放着《联合国宪章》、《世界人权宣言》和会议日程表的复印本，另外还有总部咨询委员会会议记录之类的文件。金属盒上面有秘书长特里格夫·赖伊和规划部主任沃里斯·K·哈里森加盖的私章。如今，这块奠基石的位置在联合国总部用地南部边界的图书馆大楼东面的地下。

1952年，联合国大楼正式启用。

联合国总部这个场所归联合国所有，是一个国际领地。除非在征得联合国秘书长同意的情况下，美国的联邦政府、州政府或地方政府的任何军官或官员，无论是行政官员、司法官员，还是军官或警官，都不得进入联合国总部。

联合国的徽记、
旗帜和联合国歌

联合国徽记

1945年4月，联合国制宪会议在旧金山召开。美国代表团团长、时任美国国务卿的小爱德华·斯退丁纽斯根据会议建议，成立了一个委员会负责设计联合国的标志。最初的版本是从北极俯瞰世界的地图。1946年12月，最初的版本经过修改由联合国大会通过。修改后的徽记由两条橄榄枝围绕，北美不再位于图案的中心。环绕徽记四周的橄榄枝象征和平，地图则代表全世界的人民。

联大建议各会员国采取必要措施，防止未经秘书长批准使用徽记。联大特别要求禁止以商业目的使用这个世界组织的公章、徽记、名称或简称。

联合国旗帜

在第二届联大会议上，秘书长提出了一份备忘录，建议联合国设计一面会旗，供联合国总部和下属机构使用。

1947年10月，联合国大会一致通过了关于联合国旗帜的决议，宣布："联合国旗帜应以大会所通过之正式徽记，置于浅蓝色底旗之正中"，即以一个白色的正式徽章置于浅蓝色底旗的正中。蓝色意为和平。此后，蓝色和白色成为联合国的正式颜色。

按照联大的指示，秘书长规定了适用各种不同场合需要的旗帜的尺寸，准许支持联合国的组织和人民悬挂联合国的旗帜。

联合国还对旗帜的使用规定了具体的"旗典"，包括悬挂旗帜时应遵守的礼貌，各种具体情况下旗帜的使用和有关制造及出售旗帜应注意的事项。其中有一条款规定，任何违反"旗典"的行为可以按照此种行为发生地国家的法律予以处罚。

联合国歌

联合国歌是由美国著名诗人罗美尔于1945年根据前苏联著名作曲家肖斯塔科维奇为前苏联电影《相逢》所谱的主题曲《相逢之歌》重新填词而成的。

《相逢之歌》作于1932年，原词作者是高尔尼洛夫。罗美尔用它的曲调，按照《联合国宪章》精神重新填词，谱写出《联合国歌》，歌词如下：

"太阳与星辰罗列天空，大地涌起雄壮歌声，人类同唱崇高希望，赞美新世界的诞生。奋起解除我国家束缚，在黑暗势力压迫下人民怒吼，声发如雷鸣，光阴如水流般无情。太阳必然迎着清晨，江河自然流入海洋。人类新世纪已经来临，我子孙多自由光荣。联合国团结向前，义旗招展，为胜利和自由新世界，携手并肩。"

联合国大楼巡礼

　　联合国总部大楼位于纽约市曼哈顿岛东部，由秘书处大楼、大会厅、会议楼和图书馆组成。每年，慕名而来的游客达80万之多，初到这里的游客都会被眼前的壮丽美景所折服。

秘书处大厦

　　秘书处大厦是一栋玻璃面的39层板式建筑，由于其四四方方的长方体外形而被称为"火柴盒"。大厦外墙全部用铝材料、玻璃和大理石装饰。大片的绿玻璃幕墙一直延伸到传统式样的屋顶平台。与之形成鲜明对照的是，大厦北面和南面的墙面上没有安装窗户，而是用美国佛蒙特州产的大理石饰面。除了高高耸立的39层建筑，秘书处大厦还有3个地下室，分别与大会大厦的3个地下室相连。

　　大厦内部没有奢华的设施，里面的办公室一般都很小，所有空间都充分利用起来。当初设计时考虑用铝材料做窗框，窗户全部用玻璃镶嵌，就是为了充分利用太阳能，使办公室空间能够尽可能多地采用自然光线。另外，一个由电动升降机和传送装置组成的综合系统使文件和邮件可以在整个大厦内部快速传递。

大会厅

大会厅是专门用来举办联合国大会的，联合国成员国代表的表决会议都在此举行，因而此地也成为联合国总部出镜率最高的地方。有时也会用作其他大型活动，如各国派出的表演团体演出，还有联合国大学举办模拟联合国活动，都会使用这个场所。

大会厅四边状若天穹，整个建筑结构呈斜坡状，顶端是薄薄的圆屋顶，有供大厅内照明用的固定装置。建筑物用特别设计的半透明玻璃板饰面，玻璃板嵌入大理石支柱内，给大厅一种大教堂特有的柔和的采光。东墙和西墙用英国产石灰岩饰面，衬以大理石镶板和饰物，与秘书处大厦的北端和南端十分协调。大会厅的南端是一扇高53.5英尺的巨大的平板玻璃窗，四周用凹度很深的大理石镶框。从代表大厅透过这扇窗户向外看，秘书处大厦广场尽收眼底。

大会厅共有3层，主席台上就坐的是大会主席、联合国秘书长和主管大会事务的副秘书长。

大会厅可以容纳192个代表团。每个代表团有6个座位：坐在前排的是3个正式代表，后排为3个副代表。大会厅共设有1321个座位，分别供各国与会代表团成员、联合国各机构代表、新闻媒体人员和公众人士就坐。

在主席台后面的墙上，设有一个大型显示屏，显示的是联合国各成员国的名字以及投票的结果。各国代表前面的桌子上有绿色、红色和黄色三个按钮。绿色按钮表示支持某一决议,红色按钮表示反对,黄色按钮表示弃权。

大楼内设有面向游客的公共场所,包括书店、联合国邮票中心、礼品中心、纪念品商店、咖啡馆等。

会议楼

秘书处大厦一侧较低的长排建筑,其高度由低至高形成一道弧线,这就是联合国总部的会议厅大楼,其内有各个规格的会议室。在联合国会议厅大楼里,二层是最为重要的核心区域。联合国的几个重要机构都在这里开会,包括安全理事会、经济及社会理事会,还有托管理事会。由于地位重要,讨论的问题敏感,游客不能到这一层参观。连秘书处的工作人员,如果没有特许证件,也不能在这一层随意走动。但是游客可以到3层的公众席旁听上述机构的公开会议,观看各国外交官们在这里唇枪舌剑,慷慨陈词。当然,安理会经常举行闭门会议,举行秘密磋商。这时,外交官们的折冲樽俎外界可能在许多年里都无从知晓。

安理会会议厅由挪威人设计和装修。担任设计任务的是挪威人阿恩斯坦·安内伯格。会议厅共有164个公众座和118个记者座。墙上挂有一幅克罗格创作的壁画,内容象征着人类对和平与自由的追求。

经社理事会会议厅位于托管理事会会议厅与北侧的代表休息厅之间,经社理事会会议厅由瑞典人斯文·马凯柳斯设计,装修也由瑞典人完成。1973年经社理事会成员国从原先的27个增至54

个，为了满足增加的成员国的需要，1974年对会议厅做了重新布置。会议厅顶层共有336个公众座和40个记者座。

托管理事会会议厅由丹麦人设计和装修。厅里有一尊用柚木雕刻而成妇女雕像，作者是丹麦人斯达克。担任设计任务的是丹麦人芬·朱尔。该会议厅共有164个公众座和30个记者座。

图书馆

大会厅对面的哈马舍尔德图书馆位于1961年落成，为了纪念已故秘书长哈马舍尔德而以他的名字命名。为了建造这座图书馆，福特基金会曾捐赠660万美元。图书馆共6层，地上3层收藏的是与联合国有关的各种文件以及参考资料和地图。地下3层是演播厅、期刊阅览室和书库。

哈马舍尔德图书馆拥有藏书近4万册及几百万份联合国文件、8万份地图、1500份图表集、1万多种官方出版物和4000多种非官方期刊。另外，还有330多种日报和191个国家和地区出版的政府公报，包括来自中国的《人民日报》。

各国赠送联合国的礼品

在联合国总部的庭院、走廊和会议室中，陈列和装饰着许多雕塑、绘画、挂毯和工艺品。这些都是各成员国赠送给联合国的礼品，许多寓意深邃，各具特色。

在这些礼品中，以期望和平，反对战争为主题的最多，因为这是联合国的宗旨。在这方面，有几件礼品值得一提。

一踏上联合国总部大厦入口处的台阶，就能看到一把铜铸的手枪，枪管却被打了个结。这是卢森堡赠送的雕塑，一眼就能体会到作品所要传达的信息：不要暴力！

在大楼北侧的花园里，有一位骑着战马、披着盔甲的勇士，用长矛征服一个怪兽，这个怪兽是用销毁的美制潘兴导弹做的。它是联合国所有雕塑中最大的，由前苏联赠送，为纪念美苏达成的中程导弹协议而建造。这个协议是国际裁军史上的一个里程碑，它告诉人们，战争这个怪兽是可以征服的。

还有一件前苏联赠送的雕塑也在后花园，是一个青年高举锤子，锤打一把巨剑，其下半截已经锻成一把犁了。它所表达的意思非常明确：铸剑为犁，不要战争，要和平。

安理会会议厅正面那幅由挪威赠送的壁画《团结》，虽然有点抽象，但其含义是象征人类对和平与自由的追求。由于它经常上电视画面，几乎成为安理会的标志。

位于秘书处大厦与大会大厦外的和平钟是日本联合国协会于1954年6月赠送给联合国的。和平钟由60个国家的儿童收集起来的硬币铸成，安放在一座柏木的典型日本神社式亭子里。每年敲钟两次已经成为传统；一次是春分，也就是春季的第一天；另一次是9月联合国大会开幕的那一天。后来，联大通过决议，将每年的9月21日定为国际和平日，于是秋季的敲钟仪式就定在了每年9月21日。

有一些礼品，不仅有象征意义，还是人类发展史中十分珍贵的文物。在会议厅二楼走廊墙上，土耳其送的一个世界最古老的和平条约的复制品，是公元前1269年哈突西利斯国王与拉姆塞斯二世所签订的，原件刻在泥碑上，复制品虽是紫铜表皮雕塑，但上面古朴的文字历历在目，是国际关系史中难得一见的古代和平见证。另外一件是伊拉克送的《汉穆拉比法典》石碑，是公元前1792年的原件，上面的石刻文字有些已经不易辨认，但其价值和意义却难以估量。

联合国的大量工作，就是讨论和制定国际法，这是维护世界和平与国际秩序的基础。这些礼品代表了人类几千年来对和平、法制的追求。

还有一些礼品，反映了人们对一些问题的关切。由白俄罗斯赠送的大型挂毯，表现了切尔诺贝利核电站泄漏事故的灾难，提醒人们不要忘记这一不幸。意大利赠送的大地球雕塑，球面不是光滑的，上面斑痕累累，代表着地球所受到的污染。

有许多礼品是各国为展示自己的文化特色而赠送给联合国的。其中最吸引人的，是中国送的大型象牙雕刻"成昆铁路"。它以大红丝绒为背景，放在高大的玻璃柜中，山水人物，精美绝伦，是中国工艺美术品中的上乘之作，被陈列在旅游者参观路线的必经之处，也是导游介绍的重点。此外，一些国家也赠送了很珍贵的历史文物。如埃及的镀金神像奥西利斯，是公元前700年的珍品。秘鲁赠送的精美盖毯，是古墓中出土的2000多年前的文物，伊朗赠送的挂毯也有几百年的历史，泰国赠送的是一个大型皇家龙舟模型。就是一些历史不长的小国，也有其特色礼品。加勒比共同体国家共同赠送了两个代表该地区乐器的钢鼓，虽然普通，但很有特色。人们参观这些历史文物和工艺美术品时，如同徜徉在世界文明历史的长廊中一样。

联合国的礼品，在早期是各成员国和一些个人为祝贺联合国的成立和表示对联合国的支持而赠送的。上世纪60年代，成立了联合国艺术委员会，作为秘书长接受礼品的顾问机构，并确定了联合国接受礼品的原则：只接受政府的礼品，不再接受个人和民间机构的捐赠，而且每个成员国只能送一件礼品。其标准是"有高度艺术性，有历史意义，与联合国直接有关"。此外，礼品必须是本国的艺术品，与联合国的环境协调，并没有其他展示目的。虽然有了这些原则和标准，但实际上，执行起来还是有困难。比如，一个国家一件的原则，在各国的压力下，并没有严格执行。为了体现成员国平等，一些艺术价值稍差的礼品，联合国也客气地收下了。1987年，联合国曾暂停接受礼品，但几年后就无法执行，因为联合国成立50周年前夕，有30多个国家都希望赠送礼品，包括中国赠送的"世纪宝鼎"。但联合国大楼陈列面积有限，一些大的赠品只好放到后花园，还有些只能放在储藏室里。如何安排这些礼品，是联合国艺术委员会的一个难题。

联合国驻日内瓦办事处
——万国宫

日内瓦是一座世界闻名的花园城，也是一个国际活动的中心。联合国驻日内瓦办事处以及200多个国际组织和专门机构都设在这里，从而使日内瓦成为一个国际城市的象征。

万国宫位于瑞士日内瓦的莱蒙湖畔。整座建筑与巍峨的阿尔卑斯山遥遥相望。大楼周围绿树环抱，环境幽美。万国宫又名国联大厦，是联合国的前身"国际联盟"的总部所在地，现为联合国驻日内瓦办事处。万国宫由四座宏伟的建筑群组成，中央是大会厅，北侧是图书馆和新楼，南侧是理事会厅，连同花园、庭院，总占地面积为2.5平方千米。

万国宫1931年开工，历时7年完工。1946年8月，国联解散，万国宫成为新成立的联合国的财产。站在万国宫窗前，可以看到日内瓦著名的高达40层楼高的人工喷泉，景色蔚为壮观。万国宫的建筑风格很有"万国特色"，建筑材料来自意大利、法国、瑞典、菲律宾等。各成员国捐献的赠品充分反映了世界文化的多元性，细细欣赏品味，犹如走进了一个微缩的"世界文化大观园"。

大会厅是一座雄伟端庄的古典式建筑，地板、墙壁全部以花岗石、大理石铺砌。大会厅共6层，有1800多个座位，包括代表席、同声传译室、旁听席。大会厅四周还有许多中小型会议室。

理事会厅属宫廷式建筑，装饰得雍容华贵、富丽堂皇。高大的门窗多以铜制，有的还镀了金。四周墙壁和天花板上有欧洲艺术大师所绘的油画作品。画的主题是：正义、力量、和平、法律和智慧。另有一幅浮雕壁画横贯整个天花板，画着宇宙中5个巨人的5只巨手紧紧握在一起，象征世界五大洲人民的团结与友谊。大会厅和理事会厅是举行各种重要会议的地方。

联合国图书馆由约翰·洛克菲勒资助，共收藏图书70多万册，还有各国出版的期刊1万种。楼内还设有国际联盟展览馆，展出国际联盟的历史文献和图片实物。

新会议楼陈列着中国赠送的"天坛"挂毯。这条挂毯最具魅力的地方是，无论你站在什么角度看它，天坛祈年殿的正门永远对着你。据说，现在世界上只有屈指可数的几件艺术品具有同样奇妙的效果，如达·芬奇的名画《蒙娜丽莎》，无论你从哪一个角度看，蒙娜丽莎的眼睛永远对着你。

万国宫的新楼里有4个大会议厅，最大的一个名为"瑞士厅"，因为瑞士联邦政府曾为筹建这座大楼提供了赞助。新楼内还有700多个办公室。法国艺术家创作的象征战争与和平的两幅壁画，悬挂在会议大厅前。在万国宫所在地阿丽亚娜公园内，屹立着一个美国为纪念威尔逊总统而赠送的巨型镀金青铜浑天仪，还有前苏联赠送的引人注目的征服宇宙纪念碑，以及埃及艺术家为纪念国际儿童年所创作的雕塑等。

万国宫有3900名常驻国际官员，每年要举行近8000个会议。其他一些重要的国际组织，如世界卫生组织、国际劳工组织每年的大会也在万国宫内举行。

关于联合国

联合国是一个庞大的组织。在世人眼里，它既熟悉，又陌生。人们可能天天在报纸和电视上看到联合国的名字，但这个组织究竟是怎么回事？它有哪些机构？这些机构之间的关系如何？联合国秘书长如何领导这个庞大的组织？各国向联合国缴纳多少会费？在这一章里，你将会得到一个简单扼要的答案。

《联合国宪章》的诞生

1945年6月26日，来自50个国家的代表在美国旧金山签署了《联合国宪章》（简称《宪章》）。《宪章》于同年10月24日起生效，联合国正式成立。这一天被定为"宪章日"。

《宪章》是联合国的基本大法，它既确立了联合国的宗旨、原则和组织机构设置，又规定了成员国的责任、权利和义务，以及处理国际关系、维护世界和平与安全的基本原则和方法。遵守《宪章》、维护联合国威信是每个成员国不可推脱的责任。

《宪章》的制定和联合国的诞生是现代国际关系史上的一件大事，也是二战后规划和平体制的一项重大成就，它反映了各国民众的和平愿望。从酝酿建立联合国到签署《宪章》历时约4年。

《宪章》作为联合国组织的总章程，除序言和结语外，共分19章111条。它表达了使人类不再遭受战祸的决心，并且为防止战争、维持和平建立起一套完整、可行的运作机制。《宪章》规定，联合国的宗旨是"维护国际和平与安全"、"制止侵略行为"、"发展国际间以尊重各国人民平等权利和自决原则为基础的友好关系"和"促成国际合作"等。《宪章》还规定联合国及其会员国应遵循所有会员国主权平等、各会员国应以和平方式解决其国际争端、各会员国在它们的国际关系中不得对其他国家进行武力威胁或使用武力，以及不得干涉各国内政等原则。

时至今日，当我们环顾国际间所充斥的霸权横行、动辄诉诸武力、干涉他国内政等行为，更感到《联合国宪章》精神的可贵。当年的签字国虽有许多不遵守或曲解宪章原则的行为，有时甚至还打着联合国旗号为自己称霸牟利（如美国在朝鲜战争期间之所为），然而有了这一宪章，人类毕竟具备了可以共同遵守的公理约束，任何强权和非理行为还是受到巨大制约，这对保障世界和平发展的确是无价之宝。

联合国大会

联合国大会，简称大会，也就是我们通常说的"联大"。大会由全体会员国组成。截至2008年10月，联合国大会共有会员国192个。它是联合国的最高权力机构，是代表所有会员国的独特的世界论坛。有人认为它最像一个国际议会。在联合国大会，许多至关重要的世界问题得到处理。各国在大会能够发表不同意见，商定处理问题的方式。

大会每年举行一次常会，于9月下旬召开，此时纽约正是枫叶初红、秋高气爽的时节。各国政要齐聚纽约，共议天下大事。　　联大的会期一般为3个月，通常持续到12月中旬，有时也会由于工作任务繁重或者有些问题达不成协议而拖至圣诞节的前夕。如议程仍未讨论完毕，可延至第二年继续，但必须在下届常会开幕前闭幕。大会可在会议期间暂时休会。

关于"重要问题"的决议，须由2/3多数通过；关于"一般问题"的决议，简单多数通过即可。按照《联合国宪章》的规定，大会有权讨论宪章范围内任何问题，并向会员国和安理会提出建议。大会接受和审议安理会及其机构的报告；选举安理会非常任理事国、经济与社会理事会和托管理事会理事国；与安全理事会一起选举国际法院法官；根据安理会推荐批准接纳新会员和任命秘书长。联合国的预算和会员国分摊的会费都需经大会讨论决定。

每届常会开会时，各国往往派出外交部长或其他部长级官员率代表团出席，一些国家元首和政府首脑也到会发表讲话。每届大会选举1名主席和21名副主席，大会主席任期1年，按地区分配原则选举产生。安全理事会5个常任理事国为大会当然副主席。

大会讨论的问题十分广泛，上至外层空间，下至海床洋底，大到核武器，小到干细胞研究和人类的克隆。只有一项例外，就是当安理会正在审议某项争端时，大会不得同时审议。大会设立了7个委员会分别讨论上述问题。大会的决议可以表决通过，也可以在没有异议的情况下不经表决一致通过。大会的决议没有法律约束力，但是表达了国际社会大多数成员的意愿，因此具有道义上的影响。

大会还可以就某项问题召开特别联大，60年来，联合国共召开过27届特别联大。分别讨论财政、维和、经济发展、环境、禁毒、艾滋病、妇女、儿童、人类住区等专题。

遇有紧急情况，联大可以在24小时之内召开紧急特别会议，但需要安理会9个成员或者大会一半以上成员赞成。联合国一共举行过10次紧急特别联大。

安全理事会

联合国安全理事会，简称"安理会"。由中国、法国、俄罗斯、英国、美国等5个常任理事国和10个非常任理事国组成。非常任理事国选举时首先考量联合国各会员国对维持国际和平与安全等方面的贡献，并宜充分照顾到地区均衡。非常任理事国由大会选举产生，任期两年，不能连选连任。安理会主席由安理会成员按国名的英文字母顺序轮流担任，任期一个月。

安理会最主要的职责是维护国际和平与安全。遇有争端，安理会可以要求当事方和平解决，可以派调查团，也可以要求秘书长进行斡旋。安理会有权派军事观察员或维和部队将交战各方隔开。在联合国所有机构里，只有安理会可以作出强制性决定，可以授权禁运甚至动武。安理会的决定具有法律约束力，各会员国必须执行这些决定。所以，安理会的地位十分重要。

安理会每一理事国均有1票，实质性问题均需要15个理事国中至少9个理事国的赞成票通过，其中必须包括5个常任理事国。这就是"大国一致"规则，也就是说，5个常任理事国在任何实质性问题上都拥有否决权，任何一个常任理事国家投反对票，就能阻止提案通过，即使其余4个常任理事国和所有非常任理事国都投赞成票也不行。非常任理事国无否决权。

安理会作为国际集体安全机制的核心，已经成为公认的多边安全体系最具权威性和合法性的机构。

联合国大会、秘书长以及任何会员国都可以提请安理会注意可能危及国际和平与安全的争端和局势。联大决定停止某会员国权利或开除某会员国均须由安理会事先提出建议。

安理会建立有一些下属机构，如军事参谋团、有关前南斯拉夫和卢旺达问题的国际刑事法庭、负责核查和销毁伊拉克大规模杀伤性武器的监核会等。

经济及社会理事会

经济和社会理事会，简称"经社理事会"，它是《联合国宪章》规定的联合国6个主要机构之一，负责同14个有关经济、社会、文化方面的联合国专门机构建立工作关系，与非政府组织、各国议会联盟、国际红十字会等建立有咨询关系。它负责协调下属各职司委员会和区域委员会的工作，还管辖11个基金会和规划署。

经社理事会设立了许多下属机构帮助其履行上述职责，包括9个职司委员会、5个区域性机构以及5个常设委员会。联合国系统几乎所有的专门机构都经过经社理事会向联合国报告工作。经社理事会具有较广的职权，其权限涉及整个联合国系统的人类和金融资源的70%多。

经济及社会问题涉及领域广泛，如促进经济发展、提高妇女地位、维护儿童权利、预防犯罪、防止毒品泛滥、救助难民、预防自然灾害等。

近年来经社理事会振兴了其作用，带头迎接全球化带来的许多重大挑战。在协调处理人口、可持续发展、社会发展等问题的委员会工作的同时，经社理事会领导应对新挑战的工作，如通过信息和传播技术工作缩小发达国家和发展中国家之间的"数字鸿沟"。经社理事会还作为政策对话的主要论坛，让世界银行和国际货币基金组织的重要代表与各国外交代表在联合国会聚，制订新的政策方针。

经社理事会由54个理事国组成，经大会选举产生，任期3年。其席位按地区分配，每年由联大改选其中的1/3。安理会常任理事国通常能当选为经社理事会理事国。理事会实质性会议，每年7月举行一次，会期4周，在纽约和日内瓦之间交替举行。

托管理事会

托管理事会是联合国6个主要机构之一，是联合国实行国际托管制度的主要机构。理事会由管理托管地的联合国会员国、不管理托管地的安理会理事国和联合国大会选举的其他不管理托管地的会员国组成，任期3年。

国联成立后曾建立过一种委任统治制度，将战败国的殖民地委托给英、法、比利时和日本等战胜国统治。委任统治地与殖民地、保护国有所不同，这些领土理论上不是战胜国抢占或者征服的，而是由国联委托它们统治的，战胜国必须每年向国联报告有关领土的情况。实际上，这种委任统治是帝国主义重新瓜分世界、实行殖民统治的变种。

联合国成立以后，建议托管制度代替了委任制度。宪章第77条规定，托管制度适用于下列领土：1.处于国联委任统治下之领土；2.自二战中敌国分割来的领土；3.有关国家负责管理、现交付联合国托管的领土。

处于国联委任统治下的领土一共有14块，联合国将这些领土委托给7个国家管理，并由托管国和安理会5个常任理事国组成了一个托管理事会。

这种托管制度与国联的委任制度有所不同，其目的是促进托管领土的政治、经济和社会发展。托管国必须采取措施促进托管领土人民的人权和基本自由，使托管地能尽快获得自决。

中国恢复在联合国的合法席位后，没有参加托管理事会的活动。1994年，最后一片托管领土帕劳获得独立，成为联合国第185个成员国。托管理事会从此休会，理事会的会议厅目前成了机动会场，供其他会议使用。

目前，联合国已经没有任何托管领土，但全球还有2000万人生活在16块非自治领土上，如福克兰群岛、美属维尔京群岛、英属维尔京群岛等。这些非自治领土大多是小块领土，发展环境较差。在条件成熟时，它们可以选择自由联合、与另一国融合或者独立。根据宪章的原则和非殖化宣言，联合国的成员国有义务关注非自治领土人民的权益，帮助他们行使自决的权利。

联合国曾于1962年设立一个特委会负责落实《给予殖民地国家和人民独立宣言》。这个特委会由24个国家组成，因此习惯上称为24国特委会。它与有关领土的管理国进行协调与磋商，促进非自治领土的政治、经济和社会发展，并推动它们就有关领土的最后地位作出决定。

秘书长安南说，在21世纪，殖民主义是不合时宜的，希望有关管理国与联合国特委会和所管辖地区的人民合作，推动非殖民化进程，联合国将为此提供帮助。

国际法院

国际法院是联合国的主要司法机构，设在荷兰海牙的和平宫。它是联合国的6个主要机构之一，也是唯一设在纽约总部以外的主要机构。

海牙与国际法有着很深的渊源。国际法的鼻祖格老秀斯是荷兰人，1899年和1907年的海牙国际和平会议曾决定在海牙设立常设国际仲裁法庭。国联成立后，也在海牙设立过国际常设法院，它是联合国国际法院的前身。

国际法院于1946年开始工作。根据《联合国宪章》和所附的《国际法院规约》，国际法院"以和平方法且依正义及国际法之原则,调整或解决足以破坏和平之国际争端或情势"。

所有联合国成员国都是国际法院规约的当然参加国。非联合国会员国经联合国安理会建议并取得大会同意后，也可作为规约参加国，如瑞士。

国际法院有15名大法官，由各国政府提名，由联合国大会和安理会选举产生，任期9年。这些大法官都是著名的国际法专家，代表世界各大文化和各主要法系。按惯例，安理会五常都有法官在国际法院任职。从国际法院成立以来，先后有4位中国人当选为国际法院大法官，他们是徐谟、顾维均、倪征　和史久镛。

国际法院的服务对象仅限于国家和联合国的有关机构，它没有刑事管辖权，不受理个人和其他国际组织提出的诉讼。国际法院的管辖权建立在自愿的基础上，如果争端当事国有一方不同意接受国际法院的管辖，法院就不能审理这个案子。国际法院的判决是终局裁决，不得上诉。国际法院没有自己的法警和监狱，它提供的法律咨询意见如果当事方不肯执行，国际法院很难强制执行。

1998年，联合国通过了建立国际刑事法院的条约，这一法院的职责是审理被控犯有战争罪、种族灭绝罪和其他反人类罪行。这个法院与国际法院不同，其判决必须得到执行。

国际法院的主要机构有简易程序分庭、预算和行政委员会、关系委员会、图书馆委员会、修订国际法院规约委员会、审判前南斯拉夫战犯法庭、卢旺达问题国际刑事法庭和国际海洋法庭等。

国际法院的正式语言是法文和英文。

秘书处

秘书处是联合国6个主要机构之一，是联合国各机构的行政秘书事务机构。秘书处由秘书长和联合国工作人员组成，其职责是为联合国及其所属机构服务，并负责执行这些机构所制定的方案和政策。

秘书处的最高领导是秘书长，由联合国大会和安理会选举产生，任期5年。

1997年12月19日，第52届联大通过决议，采纳安南秘书长的建议，增设联合国常务副秘书长一职。常务副秘书长是秘书长办公室的一个组成部分，将根据现有决策制度，受秘书长委托，承担包括协助秘书长管理秘书处业务，在秘书长不在的情况下在联合国总部代理秘书长，加强联合国在经济和社会领域的领导，代表秘书长出席会议和公务活动等职责。秘书长将在与会员国协商后按照《联合国宪章》任命常务副秘书长，常务副秘书长的任期不超过秘书长的任期。

秘书处下设许多部，负责政治、经济、安全、维和、裁军、法律等各个领域的工作。联合国各地区性委员会、附属机构、专门机构以及因处理临时任务而成立的机构的首席行政负责人也包括在总部工作班子之内。联合国人员在工作中应保持中立，只听命于联合国秘书长，不能接受任何政府、其他机构或者组织的指示。各成员国也保证尊重秘书处工作人员的独立性，不影响他们正常履行自己的职责。

在联合国工作待遇比较优厚，但也有一定风险，特别是到战乱地区。联合国有不少工作人员为和平事业献身。2003年8月19日，位于伊拉克首都巴格达的联合国总部大楼遭炸弹袭击，秘书长关于伊拉克问题的特别代表德迈洛等21人死亡，百余人受伤。

联合国在录用工作人员时本着两个原则，一是择优录取，二是公平地域分配。秘书处录取工作人员要考虑到各国人口的比例，还有交纳会费的多少。

联合国总部设在纽约，但在日内瓦、维也纳和内罗毕也设有很多机构。联合国日内瓦办事处是会议外交中心以及裁军和人权问题论坛。联合国维也纳办事处是联合国药物滥用管制、预防犯罪和刑事司法、和平利用外层空间及国际贸易法等领域活动的总部。联合国内罗毕办事处是联合国环境和人类住区领域活动的总部。

联合国行政首长
——联合国秘书长

联合国秘书长既是外交官又是代言人，既是公务员又是首席执行官。作为联合国理想的象征，秘书长为全世界人们，尤其是穷人和弱势人群仗义执言。

联合国秘书长经安理会推荐，由大会任命，任期5年，可连选连任。秘书长领导整个秘书处的工作，每年向大会提出联合国的年度报告，并随时提醒安理会注意有可能威胁国际和平与安全的问题，在出现国际争端时进行斡旋，管理维持和平行动，跟踪世界经济的发展趋势，组织国际会议，编制统计预算，执行安理会及其他机构所作的决议等。

秘书长名望高、薪水高、官位高，难度也高。从理论上说，他只对联合国负责，不得接受联合国以外任何政府或其他当局的指示。

联合国秘书长的产生遵循这样的过程：首先在现任秘书长卸任前各参选国首先向世界各国通报推荐人，然后根据通报名单，在经过由5个常任理事国在内的联合国安理会讨论，并获同意的情况下，然后提交到联合国大会，由联合国所有成员国共同投票，获票最多的人，当选下一届联合国秘书长。

还有一条约定俗成的规定，即秘书长人选每10年各大洲轮换一次，可以连选连任。以往的秘书长人选，基本遵循这样的流程。但2007年的秘书长换届，此举受到挑战：按常规下届秘书长应由亚洲人担任，然而以美国为首的一些国家却提出了新的主张。但最终经过有关国家协商和妥协，决定遵守传统，选举亚洲的韩国人潘基文为新任联合国秘书长。

一般来说，秘书长必须有着非凡的外交才华和卓越的外交经历，而且，这个人不仅会英语，法语也必须非常熟练。具体来说当选联合国秘书长的条件是：

第一，必须忠于按《联合国宪章》的宗旨和原则办事；

第二，具备很高的外交技能和领导管理能力；

第三，具有在联合国系统内工作的广泛经验；

第四，具有很强的交际能力并善于与冲突（分歧）各方对话并取得信任的人。

秘书长可以根据工作需要，任命若干名副秘书长，协助其工作。

联合国秘书长的最重要作用之一就是发挥他的"积极职能"，本着独立、公正、诚信的原则，公开或私下里采取措施，防止国际争端的产生、激化和传播。

联合国成立以来，共产生过8位秘书长，他们依次是赖伊、哈马舍尔德、吴丹、瓦尔德海姆、德奎利亚尔、加利、安南和潘基文。

首任秘书长——赖伊

联合国的第一任秘书长是来自挪威的特里格弗·哈尔夫丹·赖伊。赖伊1896年7月16日生于挪威奥斯陆，1919年毕业于奥斯陆大学，获法学博士学位，曾以律师为业，是挪威工党的重要成员。1935年赖伊加入挪威政府任职，先后出任司法大臣、贸易和供应大臣、外交大臣等。1945年以外交大臣身份代表挪威参加在美国旧金山举行的联合国制宪会议。他在1946年2月1日当选为联合国第一任秘书长，1951年连任，1952年11月辞职。

联合国成立时，赖伊率领挪威代表团出席在旧金山举行的联合国制宪会议，并担任第三委员会的主席，《联合国宪章》中有关安理会的规定就是在他的领导下起草的。联合国召开第一届大会时，赖伊是挪威代表团的团长。在那次会议上，他被选为联合国的第一任秘书长。

赖伊上任后，支持建立以色列国，通过了克什米尔停火协议。他赞成恢复新中国在联合国的合法席位。他觉得没有新中国的参与联合国就缺乏代表性。他对美国国务卿艾奇逊说，如果不接纳中国，苏联还有印度等走中间道路的国家可能会退出联合国，这样世界就会分裂成两半，联合国有可能重蹈国联的覆辙。

为了克服中国加入联合国在法律上的障碍，他让联合国法律部门准备了一份备忘录，其中汇集了有关代表权问题的法律观点，并将之交给了安理会。该备忘录称，一个国家是否在一个国际组织中享有代表权，是由这个组织集体决定的，与会员国之间是否承认的问题无关。这一说法被称为"赖伊理论"。

朝鲜战争爆发后，赖伊赞同美国的主张，派联合国军介入朝鲜战争，受到前苏联及其他东欧国家的抵制。许多国家指责他迎合美国要求，用联合国的资金搞非法颠覆活动。由于美、苏两个大国对他均不满意，赖伊被迫于1952年11月辞职。他感叹道："我想把过去的一切麻烦、一切的失望、一切的头痛，统统装进一个口袋，将它们一起扔进东河。"

目前纽约的联合国大厦就是在赖伊主政期间奠基兴建的。

赖伊离职后又回挪威担任过内阁大臣等职，在1969年元旦的前两天去世。著有《为了和平》(1954年出版)。赖伊有句名言："能够割断自己邻居的喉咙而令其浑然不知的外交官才是真正的外交官。"可惜的是，赖伊没能割断别人的喉咙，自己却先被人置于死地。

因公殉职的秘书长
——哈马舍尔德

　　联合国第二任秘书长是达格·哈马舍尔德，来自瑞典。任期为1953年到1961年。

　　哈马舍尔德生于1905年7月29日。其父曾在一战期间担任瑞典首相，对他的成长有十分重要的影响。哈马舍尔德多才多艺，精通英、法、德语，擅长诗歌，喜好音乐，精于绘画，酷爱运动。

　　哈马舍尔德曾任国家银行董事长、内阁经济顾问。他创造了"计划经济"这个词，并与其担任瑞典社会福利大臣的长兄一起，为在瑞典建立"福利社会"打下了最初的基础。

　　1946年，哈马舍尔德开始涉足外交界，后担任过欧洲经济合作会议执委会的副主席、瑞典出席联大代表团团长、外交部秘书长。哈马舍尔德始终未加入任何政党，以政坛独立人士自居。他在国际关系中主张开展国际经济合作，力主瑞典加入欧洲政治合作，但不加入北约。

　　赖伊于1952年11月辞去秘书长职务后，哈马舍尔德被选为第二任秘书长，在60国选票中获得了57票。就任后，哈马舍尔德就开始建立了一个由4000名管理人员组成的秘书处，他建立了一套体系来定义每个人的责任范围。他坚持联合国秘书长可以在紧急情况下在没有获得安全理事会或联合国大会的批准的条件下就采取行动。哈马舍尔德集中精力处理世界各地的冲突和危机，他支持以色列与阿拉伯国家签署停战协定，组织了联合国历史上的第一支紧急部队，促使英、法、以色列放弃武力，和平解决了苏伊士运河争端。他向约旦和黎巴嫩派出联合国观察团部队取代英美军队，化解了黎巴嫩和约旦危机，缓和了柬、泰关系。

哈马舍尔德还是第一位访华的联合国秘书长。1956年他赴中国商讨释放朝鲜战争期间被俘的15名美国飞行员的问题。

1957年，哈马舍尔德被推选连任秘书长，任期5年。刚果冲突后，哈马舍尔德处理危机的方式受到前苏联的批评，前苏联曾一度要求罢免他的职务。

1961年9月18日，他在赴刚果途中，在比罗得西亚(今赞比亚)的恩多拉因飞机失事遇难身亡。同年，他被追授诺贝尔和平奖。

1998年10月6日，在联合国纪念维和行动50周年的活动上，联合国为哈马舍尔德颁发了哈马舍尔德勋章，以表彰在联合国维和行动中作出的牺牲。

哈马舍尔德的名言是："人生最长的旅程是走向自己内心世界的旅程。"

首位来自亚洲的秘书长
——吴丹

第三任秘书长吴丹是首位来自亚洲的联合国秘书长。

吴丹 1909 年 1 月 22 日出生于缅甸的班达诺，长年从事教育工作，也当过记者。抗日战争胜利后，吴丹历任缅甸政府新闻局长、广播电台台长、新闻部秘书、总理办公室秘书、总理顾问等职。

从 1953 年起，吴丹出任缅甸常驻联合国代表，担任过第 14 届联大的副主席。刚果危机爆发后，吴丹出任联合国刚果和解委员会主席。哈马舍尔德坠机殉难后，吴丹担任代理秘书长。1962 年 11 月 30 日，大会一致决定任命他为秘书长。

吴丹上任初期，经历了 1962 年的古巴导弹危机、1963 年的刚果内战和 1965 年的印巴战争，他利用秘书长的身份，在和平解决古巴导弹危机过程中发挥了一定促进作用。他主持建立了联合国驻塞浦路斯部队，实现了印巴战争的停火。

第一届任期结束时，吴丹决定不再连任。但当时没有任何一位候选人能够为各方所共同接受，各国代表轮番上台发言，力劝吴丹接受第二个任期，吴丹在大家的劝说之下决定接受任命，任期到 1971 年 12 月 31 日。

吴丹的第二个任期面临更加复杂的国际形势，美国入侵越南、印巴再次爆发战争、联合国的维和行动无所作为。吴丹则将精力更多地转到第三世界国家的经济和社会发展方面。

1971年底，吴丹第二个任期结束。安理会的所有成员都支持吴丹连任，敦促他再度承担起这副重任。但吴丹态度坚定地表示，在任何情况下他都不再连任第三任。

新任秘书长选出来后，吴丹向联大发表了他的告别演说。他说他有一种"近乎于解放的感觉"。全体代表起立向他欢呼致意，整个联合国大会厅掌声雷动。

吴丹退休后，晚年久病，1974年11月25日在纽约因癌症逝世，享年69岁。去世8年之后，他的回忆录才得以出版，题目是《联合国的观点》。

吴丹曾获世界各地几十所著名大学的荣誉学位。在吴丹的倡议下，联合国设立了联合国大学。为了纪念吴丹对联合国的贡献，联合国大学举办了一个吴丹系列讲座，由世界各国知名的思想家和领袖就联合国的作用和面临的挑战发表看法，美国总统卡特、克林顿、南非总统姆贝基、马来西亚总理马哈蒂尔等都曾在该讲座发表讲演。

吴丹的名言是："每个人，无论他生于何方，长在何处，都应该受到尊重。尊重他人应该甚于尊重自己"。

恋栈的秘书长
——瓦尔德海姆

1971年12月，吴丹执意不再连任秘书长，安理会经过长时间磋商，仍不能就继任人选达成一致。离圣诞节只有三天了，安理会觉得再也难以找出更合适的人选，因此同意奥地利的瓦尔德海姆出任第四任秘书长。大会第二天就通过了对瓦尔德海姆的任命。

瓦尔德海姆1918年12月21日出生于维也纳，毕业于维也纳大学。1945年进入外交部，曾任奥地利驻巴黎公使馆一秘、外交部人事司司长、政治司司长、驻加拿大大使、常驻联合国代表、外交部长。1971年竞选总统未能成功。

瓦尔德海姆担任秘书长后，纳米比亚独立运动一浪高过一浪，南非白人种族主义政权加紧镇压，塞浦路斯的希土两族武力冲突不断升级，阿以纷争愈演愈烈，南亚次大陆局势紧张，刚刚获得独立的孟加拉亟待援助。

瓦尔德海姆奔波于世界各地。两伊战争爆发后，瓦尔德海姆曾试图阻止。伊朗学生扣留美国驻伊朗使馆人员后，瓦尔德海姆也曾努力想使人质获救，均未能成功。

1981年，瓦尔德海姆宣布竞选第三次连任秘书长，美国支持，前苏联亦无异议。中国对瓦尔德海姆个人并无恶感，但联合国自成立以来，4位秘书长中有3位来自欧洲，瓦尔德海姆如再次当选连任，任期将长达15年，这将是空前的，因此中国不同意他连任。

非洲国家推选坦桑尼亚外长萨利姆出来竞选，遭到美国否决，中国则否决瓦尔德海姆，双方僵持不下。最后，瓦尔德海姆和萨利姆均退出竞选。

后经安理会各方作出妥协，推荐秘鲁的德奎利亚尔出任下一任秘书长。12月11日，第36届联大以鼓掌方式通过决议，任命德奎利亚尔为第五位秘书长，任期5年。

瓦尔德海姆回到奥地利后继续活跃于政坛，1986年当选为奥地利总统。有报道说二战期间他曾在纳粹军中服役，他所属的部队在南斯拉夫犯有恶行，瓦尔德海姆对此表示否认。但奥地利还是在国际上陷入孤立，美国禁止瓦尔德海姆入境。

瓦尔德海姆对于中国的否决并没有耿耿于怀。多年后，瓦尔德海姆仍记得1974年邓小平出席第六届特别联大时的情形，他说："邓小平了解联合国的重要性，他把中国带入了众多的国际组织之中。我在担任联合国秘书长期间曾与邓小平多次会晤。虽然我们两人具有不同的文化背景、不同的个人经历，并肩负不同的政治任务，但我感到我们有一个共同点，一个共同的愿望，就是消除中国的政治孤立状态，共同塑造一个世界，使中国在国际大家庭中占有不可替代的地位。在我任职期间，我尽了一切努力协助中国代表团。"

走出冷战的秘书长
——德奎利亚尔

　　第五任秘书长哈维尔·佩雷斯·德奎利亚尔1920年1月19日出生于秘鲁首都利马。他是律师和职业外交官。1940年进入秘鲁外交部工作，曾任外交部法律司长、行政司长、礼宾司长、政治事务司长、副部长、法律顾问，首任秘鲁驻前苏联大使。1946年联大举行第一届会议时，他是秘鲁代表团成员，1971年任秘鲁常驻联合国代表，多次率团出席联大会议。曾被任命为秘书长关于塞浦路斯和阿富汗事务的特别代表，联合国主管特别政治事务的副秘书长。他还担任过秘鲁外交学院院长，著有《外交法手册》。

　　德奎利亚尔就任秘书长的10年是世界形势发生巨大变化的年代，越南入侵柬埔寨、苏联入侵阿富汗、两伊战争爆发、美国入侵格林纳达。德奎利亚尔为制止侵略和恢复和平而四处奔走。

　　两伊战争爆发后，德奎利亚尔亲赴巴格达，劝萨达姆改变政策。他不赞成一些国家推翻萨达姆、要伊拉克改变政权的做法。他说："我不能同意采取措施推翻一个联合国成员国的政府，如果实施制裁的目的是推翻伊拉克政权，那么我不同意，也不能同意。"

德奎利亚尔以稳重和耐心而著称。他主张悄悄外交，他本人曾亲自参与谈判，促使两伊实现停火，前苏联从阿富汗撤军，柬埔寨实现和平，纳米比亚获得独立。在他的领导下，联合国加强了维和能力，使维和部队获得了诺贝尔和平奖。

德奎利亚尔于1987年5月访问中国，并与邓小平进行过会谈。

1991年，德奎利亚尔从联合国秘书长任上退休，被任命为驻法国大使。1995年竞选总统失败。2000年，秘鲁政局生变，藤森总统被迫下野流亡日本。80岁高龄的德奎利亚尔应临时政府之邀，出任临时总理兼外长。

德奎利亚尔夫妇性喜收藏，特别是他的夫人玛赛拉，帮助夫君收集了联合国许多成员国的珍贵文物，包括陶瓷、木器、编织、玻璃、金银、珠宝等艺术品。

1988年8月德奎利亚尔获尼赫鲁促进国际理解奖，1988年9月获拉美记协的1988年银舟奖，1989年1月获"争取国际谅解和共同安全帕尔梅纪念基金会"颁发的1988年度帕尔梅奖金。1991年12月获英国女王伊丽莎白二世授予的圣迈克尔和圣乔治勋章。1992年1月24日，秘鲁全国和平委员会授予他名誉主席称号。

第一位来自非洲的秘书长
——加利

第六任联合国秘书长布特罗斯·布特罗斯—加利来自埃及，出身于书香门第，信奉基督教，1946年毕业于开罗大学，后赴法国巴黎大学深造，获国际法博士学位。他曾在美国哥伦比亚大学、开罗大学任教，担任联合国国际法委员会委员、埃及国际法学会会长等。加利既是外交官，又是学者兼作家。他通晓阿拉伯语、法语和英语，学识渊博，著述甚丰。

加利于1973年步入政界，先后任埃及外交国务部长、副总理兼外交国务部长，此后长年活跃在外交舞台上，多次代表埃及参加各种重要国际会议，具有丰富的政治和外交经验。1991年12月被选为联合国第六任秘书长，任期5年。他是联合国历史上担任这一职务的第一位非洲人。

在加利当政期间，柬埔寨成功实现了大选，南非结束了种族隔离，但在这个时期，卢旺达发生了惨绝人寰的种族大屠杀。加利对于未能阻止这次大屠杀深感自责，坦言这是他任期内最大的失败。

加利之前，每任秘书长都连任两届。只有加利在寻求连任时被美国否决。美国的理由是联合国效率低下，需要改革，而加利拒绝作出改进。有人猜测，加利的竞选与美国的大选恰好在同一年，因此成了美国国内政治斗争的牺牲品。

第三世界国家全力支持加利连任，欧洲国家领导也纷纷写信给克林顿，劝美国支持加利连任。克林顿没有答复。当年联大开幕时，克林顿没有出席加利的午餐，也拒绝同加利会见。美国代表声称，只要加利在位，美国就不交会费。

1996年11月19日，安理会召开会议讨论秘书长的选举问题，表决结果14∶1，加利遭到美国的否决。

1996年12月13日清晨，安理会的代表们冒雨再度聚到联合国。经过多轮否决再否决，安理会终于达成妥协，同意向大会推荐来自非洲加纳的科菲·安南出任下一任秘书长。

有记者问加利，美国为什么要这么坚决地否决他。加利说，如果说导火索，那就是我作为秘书长，太独立了。

加利通晓阿拉伯语、法语和英语，并用这些文字写作。他一直坚持记日记和拂晓起床进行写作，已有100多本著作问世。他学识渊博，是一位国际法专家，深谙北南关系、第三世界和非洲问题，在国际法和国际关系理论方面著述颇丰，成绩卓著，先后获得二十多个国家颁发的荣誉称号。1995年4月，获希腊奥纳西斯国际谅解和社会成就奖，以表彰他在担任联合国秘书长期间对地中海地区国际问题的解决做出的贡献。

第一位黑人秘书长
——安南

  1997年1月1日，安南坐进了联合国大楼38层的秘书长办公室，成为联合国的第七位秘书长。安南是加纳人，1938年出生，1962年进入联合国系统工作，沿着联合国的台阶一级一级攀登，从普通科员一直升到秘书长。

  安南在主管维持和平行动期间，联合国维和活动的规模和范围空前扩大，他当时管辖的人员来自77个国家，包括近7万名军事和文职人员。2001年，安南的第一届任期结束，获得连任。同年10月，安南与联合国共同获得诺贝尔和平奖，彰显了安南为创建世界和平作出的努力。那时的安南，可谓是云帆高挂，八面来风。

  安南任期的后几年遇到了一生中最大的坎坷。2003年，美英决定不顾安理会多数成员的反对入侵伊拉克，安南称这次入侵是非法的，安南与美国的矛盾从此开始显露。联合国"石油换食品"方案的丑闻曝光后，安南的儿子科乔卷入其中，有报道称，科乔在"石油换食品"方案中至少收取了30万美元。美国国会议员要求安南辞职。

面对各种指控和压力，安南心情很沉重。他说，过去这几年，联合国遇到了巨大的挑战。先是伊拉克战争，主战的国家抱怨联合国支持不力，反战的国家批评联合国不能制止战争。联合国被夹在中间左右为难。战争接近尾声时，联合国应安理会的要求，向伊拉克派出了自己最好的职员，没想到我们却把自己最好的同事送上了死亡之路，他们在伊拉克惨遭毒手。接下来是"石油换食品丑闻"。大家可以想象，我作为联合国的秘书长和一位父亲，日子有多么难过。

2005年3月，由美联储前主席沃尔克领导的独立调查委员会发表报告指出，安南在伊拉克"石油换食品"计划实施过程中没有任何腐败行为。报告呼吁联合国进行大刀阔斧的改革，避免类似的丑闻重演。安南表示愿意承担管理失职的责任，他同时重申，不会因为丑闻辞职。

安南担任秘书长期间，曾于1998年赴巴格达进行斡旋，化解了伊拉克武器核查危机。2001年10月，安南与联合国同获当年诺贝尔和平奖。

安南是位经验丰富的外交家，懂英语、法语和几种非洲语言。他讲话温和，性格直率，待人坦诚，头脑冷静，富有幽默感。

安南曾于1997年5月、1998年3月、1999年11月、2001年1月和2004年10月五次访华。

联合国的新当家人
——潘基文

第八任联合国秘书长潘基文是韩国人，生于 1944 年 6 月，1970 年获国立首尔大学国际关系学士学位。1985 年获哈佛大学肯尼迪政府学院公共行政硕士学位。在出任联合国秘书长前，曾任韩国外交通商部长官。第 61 届联大任命为联合国第八任秘书长，5 年任期从 2007 年 1 月 1 日开始。潘基文是联合国历史上第二位来自亚洲的联合国首长。

潘基文多次在国家和国际上获奖，被授予各种奖章和荣誉。鉴于他对祖国所做贡献，1975 年、1986 年和 2006 年获颁韩国最高勤政勋章。

潘基文生于 1944 年 6 月 13 日。他和夫人（潘）柳淳泽女士于 1962 年上高中时结识，育有一子二女。潘基文在他人眼中是天生的外交官。他英语流利，还通晓德、日、法语。他谈吐温文尔雅，总是避免与人结怨，以至于有人觉得他不够硬，不能胜任秘书长，但潘基文却认为自己是"外柔内刚"，而熟悉他的韩国外交部发言人则称他为"丝绒手套包着的铁拳"。

潘基文在当选为秘书长时，其职务是韩国外交通商部长官。

他先后在新德里、华盛顿和维也纳常驻，资深历广，还担任过总统外交政策顾问、总统首席国家安全顾问、政策企划次官补和美洲局局长。在他整个职业生涯中，他的理想是建立一个和平的朝鲜半岛，在促成本地区乃至全世界的和平与繁荣中发挥越来越大的作用。

　　潘基文同联合国的关系源远流长，一直可以追溯到1975年他在外交部联合国处任职之时。此后，他的有关工作经验逐年扩展，从常驻联合国代表团一秘、外交部联合国处处长到驻维也纳大使。在大使任内，他曾于1999年担任全面禁止核试验条约组织筹委会主席。2001年至2002年期间，韩国担任大会主席，他作为办公室主任促成大会通过此届会议第一项决议，对"9·11"恐怖袭击予以谴责，还采取了一系列旨在加强大会工作的主动行动，从而帮助以危机和混乱开始这一届会议成为通过了若干重要改革的会议。

　　潘基文还积极参与处理朝韩关系问题。继通过具有历史意义的《关于朝鲜半岛无核化的共同宣言》之后，他于1992年担任南北联合核管制委员会副主席。2005年9月，作为外长，他又发挥主导作用，促成了朝鲜半岛和平与稳定问题上又一具有里程碑意义的协定，即六方会谈通过的关于解决北朝鲜核问题的《共同声明》。

联合国的会员国

　　会员国是联合国的主体，继黑山共和国于2006年6月28日加入为会员国之后，联合国现在一共有192个会员国。联合国所有会员国都是联合国大会的会员。其中亚洲39个，非洲53个，东欧及独联体国家28个，西欧23个，拉丁美洲33个，北美、大洋洲16个。另外，有2个常驻联合国观察员国：梵蒂冈和巴勒斯坦（地位高于梵蒂冈）。

　　在联合国内，所有会员国，无论大小强弱，均有一票表决权。在安理会，常任理事国和非常任理事国都具有表决权，常任理事国拥有否决权。会员国在联合国内享有的这种地位和权力是其他非主权国家行为体都不具有的。

　　关于联合国会员国的资格，《联合国宪章》的规定十分简要，凡爱好和平的国家，接受《联合国宪章》规定的义务，经本组织认为确能并愿意履行该项义务者，即可成为联合国会员国。加入联合国需由安理会推荐，由大会决定。

　　联合国成员千差万别，有着不同的历史、文化和政治、经济及社会背景。有5个常任理事国的大国，也有人口较少的小国。有发达的国家也有极度贫穷落后的国家。这种差异和多样性说明联合国是当今世界最具有普遍性和代表性的国际组织，具有其他国际组织无法替代的地位和作用。同时联合国的多样性无疑给联合国这一组织的运作和行动带来极大的困难。联合国作为全球最大的国际组织，也可能是最难以管理和协调的组织，多样性削弱了联合国的凝聚力、灵活性和效率。

联合国会员国的增加反映出不同时代世界政治形势的变化与特征。从联合国会员国的变化中，可以看到世界两种同时发展的趋势：一方面是全球化、一体化的趋势，世界被越来越紧密地联系到一起；另一方面是民族独立和多民族主权国家分离的趋势，联合国中的主权会员国越来越多。

会员国在联合国的代表通常有"常驻联合国代表"和"代表团"两种基本形式。几乎所有国家都向联合国派出了常驻联合国代表团，多数会员国也同时向联合国日内瓦办事处、维也纳办事处等机构派有常驻代表，其性质如同派驻各国首都的大使。各国常驻联合国代表团的首席领导是常驻代表，相当于大使衔外交官。代表团的规模大小不一。代表团主要是为特殊会议而组织的，例如每年一度的联合国大会常会或联合国机构其他会议。

联合国的语言和翻译

联合国规定，正式语言只有6种，分别为阿拉伯文、中文、英文、法文、俄文和西班牙文。6种语言具有同等效力，代表们在发言时可以选用其中任何一种。凡是联合国的正式会议，秘书处都要负责在现场把代表们的发言用上述6种语言通过话筒进行"同声传译"。凡是联合国的正式文件，包括重要发言，都要用6种文字印出。各国代表都十分重视他们使用的正式语言，因此，每一次正式会议，都必须认真安排好6种语言的翻译。

为了完成这样繁重的翻译任务，联合国总部秘书处有一支庞大的口译和笔译队伍，共有470多人。每年联大期间，无论是口译还是笔译，人员都还不够用，总要再聘用一些从联合国退休或离职的老翻译。由于同声传译工作需要全神贯注，容易疲劳，所以在开会时，每种语言配有3名译员，轮流翻译，每人20分钟，如果20分钟到了，即使一位代表发言还没有完，翻译也会停下来，转给下一位同事继续翻译。在同声传译时，会场内每一个座位上都有一个可以听同声传译的耳机，代表们可按旋钮选择自己想听的语言。

凡是联合国大会和安理会开会时，不但要有6种文字的同声

056

传译，而且要有6种文字的逐字记录。由于同一次会议的6种文字记录内容必须一致，所以每次会后都要以一种文字的记录稿为基准，其他5种文字的逐字记录稿据此作出修正，或者是根据标准记录译出。因此，逐字记录工作实际上包含了翻译工作。凡是联大和安理会的文件，按规定都要立即着手翻译，在次日晨6时前打印好，以便分发各国代表团。如不能按时发出，便算失职。其他各种文件，也都标明应完成的时间，不得拖延。在准确和流畅方面，对文件翻译有比较高的要求。联合国文件涉及范围极广，上至太空，下至海底，几乎无所不包。这就要求译员有较广的知识和较好的文字造诣。文件翻译是黑字印在白纸上，永久保存下来的，稍有差错，有关的代表团就要提出意见，要求更正或者重译。

联合国中的语言工作，是为各国代表团服务的，对各国代表团都要尊重，并且不得介入有争议的国际问题。因此，译员要熟悉国际问题，对敏感问题要非常小心。例如，联合国只承认一个中国，即中华人民共和国，"中华民国"字样绝对不得出现在联合国的文件上；提到"台湾"时，必须加上"地区"。又如，提到"福克兰群岛"时，必须括上"马尔维纳斯群岛"，否则，阿根廷和其他拉美代表团就会提出意见，这些都容不得半点疏忽。

联合国会费的缴纳

　　财政经费是联合国履行职能的基础，没有这个基础，就谈不上加强联合国的作用。联合国的经费主要来源于各会员国所缴纳的会费。宪章明确规定，各会员国应认真履行应尽的财政义务，及时、全额和无条件地缴纳各项摊款。凡拖欠会费数目等于或超过前两年所应缴纳之数目时，即丧失在大会的投票权。

　　成员国缴纳的会费包括三部分：经常性预算、维和费用和国际法庭费用，由会员国按照"能力支付"的原则分摊。

　　计算会费的方法非常复杂，它跟各国的国民生产总值虽然挂钩，但并不完全按照国民生产总值占世界经济总量的比分配，要考虑各种因素，包括人均生产总值等。例如：1989—1991年由大会批准的分摊会费比额表中，美国占25%，日本占13.8%。人均收入低的发展中国家，按特别宽减的办法计算。此外，还规定有最高和最低摊款限额，从1974年开始，最高摊款限额不能超过整个预算的25%，最低不能低于 0.01%。

　　会费比额表每3年修订一次。按照现行比额表计算，美国依然是缴纳会费最多的国家，达22%，而日本则由19.4%降到16.6%。此外，俄罗斯1.2%，为抵消日本削减会费，欧盟25国会费分摊比例将略有增加，为36.5%。其中，英国将增加到6.64%，法国增加到6.30%，意大利增加到5.07%，西班牙增加到2.96%，德国则略有下降，从8.7%降到8.57%。

关于前南问题和卢旺达问题的国际法庭，其费用也要由会员国来缴纳。联合国的特别项目不在常规预算之内，这些项目依靠成员国的自愿捐款。

中国政府一贯认真履行自己的财政责任。随着国内经济的持续增长，中国在会费方面也在为联合国做出更大的贡献。中国的会费比额已从2000年以前的0.995%上升到2001—2003年的1.54%，2004—2006年上涨到2.053%，4年时间增长幅度达107%，2007—2009年上升到2.67%，上涨幅度居各国之首。

中国政府不仅每年都及时足额缴清会费，还承担了在维和经费分摊上的额外财政支出。中国代表在第62届联合国大会第5次委员会上表示，中国克服自身困难及时缴纳联合国各种费用，以实际行动履行对联合国的财政义务，这是中国国力增长后的必然调整，同时也表明中国作为联合国大家庭中的一员和安理会常任理事国，十分清楚自己对联合国、对世界和平与安全负有的责任，愿意积极履行对联合国应尽的财政义务。

联合国大家庭

联合国组织这个大家庭包括许多机构：

主要机构：联合国由6个主要机构组成，大会、安全理事会、经济及社会理事会、托管理事会、国际法院和秘书处。然而，联合国大家庭却大得多，除主要机构外，还有联合国直属机构和专门机构。

直属机构：联合国的直属机构受联大领导，其领导人由联合国秘书长任命，他们的经费不是来自联合国的常规预算，而是来自成员国的捐款。这类机构包括联合国儿童基金会、世界粮食计划署、联合国开发计划署、联合国环境规划署、联合国人口基金、联合国难民事务高级专员公署、和平利用外层空间委员会等，共有20个，这些机构主要从事发展、人道主义援助和人权工作。

专门机构：之所以称之为专门机构，是因为这些组织在经济、安全、社会、文化、教育、卫生及其他某一领域具有专门特长的机构。联合国的专门机构并不属于联合国，也不受联合国领导，而是完全独立的机构。它们与联合国签有协议，通过经社理事会或者直接向联合国报告工作。这些机构与联合国一起，在促进世界社会、经济、文化、教育、卫生的发展和保护妇女儿童等方面做了大量的工作。目前与联合国建立关系的专门机构包括联合国教科文组织、世界贸易组织、国际原子能机构、国际劳工组织、世界卫生组织、联合国粮农组织、世界旅游组织、世界银行集团、国际货币基金组织、国际民用航空组织、国际海事组织、万国邮政联盟、世界气象组织等共有23个。

联合国主要机构、直属机构以及专门机构组成"联合国系统"。作为联合国组织的大家庭，联合国执行涉及我们每个人方方面面的多种任务。这些任务既包括安全理事会为应对某一争端决定派遣维持和平行动，也包括制定航空安全和通信兼容性的标准；既包括向自然灾害受害者迅速调运紧急用品，也包括协调对付艾滋病流行的工作；既包括帮助各国举行自由公正选举，也包括为较穷国家基础设施发展争取低息贷款提供担保。归根结底，联合国的工作是要创造一个更健康、更稳定的世界，增进我们人人享有的机会和正义。

维 和

维护国际和平与安全是联合国最重要的使命之一。过去60多年来，联合国在这方面既有成功的自豪，也不乏走麦成的痛苦。许多维和士兵为了维护国际和平与安全，将鲜血洒在了异国他乡。在这一章里，你将会对联合国的维和行动有一个大致的了解。

让世界免于战祸

"我联合国人民同兹决心，欲免后世再遭今代人类两度身历惨不堪言之战祸……"

这是联合国宪章开篇的第一句话。维护国际和平与安全是联合国成立的宗旨和主要目的之一。在过去几十年中，联合国在这个方面应该说发挥了重要作用，帮助一些陷于战乱的有关方面结束冲突。联合国安理会、联合国大会和联合国秘书长在促进和平与安全方面发挥着重要的互补作用。

联合国为维护国际和平与安全所开展的活动主要涉及以下五个领域：防止冲突、促成和平、维持和平、强制执行、建设和平。这些手段根据不同的情况，有些单独使用，有些则同时运用。

20世纪90年代，冷战结束后，世界安全面临一个全新的环境，其主要特点是，爆发的战争主要是国家内部战争，而不是国家间战争。为应对内部冲突，根据安理会的授权，联合国开展了复杂而有创造性的维和行动。在萨尔瓦多、危地马拉、柬埔寨和莫桑比克，联合国在结束冲突和推动和解方面都起到了重要作用。

21世纪初出现了新的全球性威胁。2001年的"9·11"恐怖袭击事件清楚地表明，国际恐怖主义已经成为国际社会面临的严峻挑战，给全世界人民的生活投上了一层阴影，各国人民对核武器的扩散及来自其他非常规武器危险的担忧也不断增加。

联合国系统的各个机构和组织在各自的职权范围内采取了打击恐怖主义的行动。2001年9月28日，安理会根据《联合国宪章》的规定，通过了一项内容广泛的决议。这项决议要求各成员国采取必要措施，制止为恐怖组织提供资金，并将为恐怖活动提供资金定为一种国际罪行，与恐怖分子有关的金融资产被冻结。安理会还设立了一个反恐怖主义委员会负责监督该决议的实施情况。

近年来，联合国比以往任何时候都更重视建设和平工作。建设和平是指为那些加强和巩固和平的组织机构提供支持。联合国总结了过去的历史经验，认识到只有帮助有关国家推动经济发展、社会正义、尊重人权、加快民主进程，才能建设持久的和平。联合国作为世界上最大的政治性国际组织，在这方面积累了相当多的经验，也具备了其他国际组织所没有的能力，它的公正性也是其他个别国家所无法取代的。

什么是联合国维持和平行动

维和行动是联合国的一个创举，它是联合国集体安全机制下的重要机制之一，是联合国维护和平与安全的一个重要途径。维和行动必须要由联合国授权，一些国际或军事集团未经联合国授权自行组织的多国部队或者联军所采取的军事行动，不是联合国的维和行动。

从1948年联合国向中东地区派出第一个维持和平特派团停战监督组织，到不久前部署的苏丹特派团，联合国共实施了60项维和行动，共有来自将近120个国家的80多万军事、文职人员和警察参加了联合国的维持和平行动，其中2000多人在执行公务时牺牲。目前共有18个维持和平行动正在进行之中。"蓝盔"已成为维护和平的使者，寄托着冲突地区人民对和平的渴望。

联合国维和行动通常可归为三大类：

1. 军事观察员特派团，由相对较少的非武装人员组成，任务包括监测停火，核查部队撤退情况，在边界地区或非军事区巡逻。

2. 维和部队，由各国特遣队组成，负责执行的任务与军事观察员的任务大同小异，往往需充当敌对各方之间的缓冲力量。

3.由军事人员、民警和其他民事人员组成的复杂行动，包括协助建立政治体制并扩大其基础，与政府、非政府组织和当地公民团体协作，提供紧急援助，使前战斗人员复员和重新融入社会，排雷，组织和落实选举，并促进可持续发展等各种任务。

为了应对各种不同的冲突和不断变化的政治格局，联合国维和行动也经历了变革。在维和行动诞生之初，冷战双方常常使安理会陷于瘫痪，维和行动主要局限于在实地维持停火和稳定局势，以便能够在政治层面作出努力，以和平手段解决冲突。那时的特派团由军事观察员和配备轻武器的部队组成，发挥监督、报告和建立信任作用，为停火和有限度的和平协定提供支助。

随着冷战的结束，联合国维和行动的战略背景发生了巨大变化，武装冲突的性质也发生了变化。按照最初的构想，维和行动是一种处理国家间冲突的手段，而今天，维和行动越来越多地被用来处理国内冲突。维和行动的范围和性质都出现了改变，从仅仅包括军事任务的"传统"维和行动向复杂的"多层面"行动转变，以确保有关的和平协定能够得到全面的执行，为实现稳固的和平奠定基础。今天的维和人员担负着多种多样的复杂任务，从协助建立可持续的施政机构到人权监督、安保部门改革、解除战斗人员武装、复员和重返社会等等。维和人员也要扮演多种角色，维和人员中既有军事人员，也包括行政人员和经济师、警察和法律专家、扫雷人员和选举观察员、人权监督人员、人道主义工作者及通信和宣传专家等等。

联合国维和行动经费的来源

  《联合国宪章》规定，所有会员国都有义务分担维和行动费用。通常的做法是大会根据适用于维和行动的特别分摊比额表向会员国摊派相应的费用。分摊比额考虑到会员国的经济财力。由于安理会常任理事国对维护国际和平与安全负有特殊责任，因此要求它们缴付较大的份额。各国在响应秘书长的要求时可自愿向维和行动提供人力、设备、用品或其他援助。此外，许多国家除摊派的维和费用外，还以运输、用品、人员和财政捐款等形式提供无偿的额外资源，资助联合国的维和工作。然而，尽管有这一义务，会员国欠缴维和摊款的现象非常普遍。2006年11月，只有24个国家足额缴纳了维和摊派款。

  自1948年联合国维和行动以来，联合国维和行动不断扩大。60年来，联合国总共部署了60多项维和行动，来自120多个国家的几十万军事人员和数万名联合国警察以及文职人员参与了联合国维和行动。目前，全世界仍有超过11万名军警与文职人员在联合国维和行动部管理下的18项和平行动中服务。

  一方面，国际社会对于联合国维和行动的要求不断增加，维和行动面临着前所未有的艰巨和复杂任务。另一方面，现在联合国每年用于维和行动的预算只有56亿美元，仅相当于全球各国军事预算总和的0.5%，其结果是，维和行动的经费出现较大缺口，造成维和行动人员的装备严重不足，维和行动举步维艰。联大主席布罗克曼指出，在某些地区，联合国维和人员的数量与需要保护的平民总数之比甚至达到了1：10000，更不要说这些冲突地区的暴力活动正在变得越来越残忍和暴虐。他希望各会员国对维和行动予以支持，帮助维和人员能够以最小的代价实现维和行动的顺利展开。

联合国常务副秘书长米基罗女士在第63届联合国大会纪念联合国维和行动60周年特别会议上，呼吁各会员国能够给予维和行动更多的支持，因为"现在的世界比任何时候都更需要维和行动，而维和行动也比任何时候都更需要世界的支持"。

联合国维和行动有三大特征：国际性：由联合国组织、成员来自各会员国、由联合国秘书长指挥、只对联合国负责；非强制性：维和部队必须征得当事国同意又有会员国自愿参加才能建立，它在维和时无权采取强制措施，只有在自卫的情况下才能使用武力；中立性：维和行动必须做到公正、不偏不倚、不干涉内部事务。

联合国维和部队来自何处

联合国没有常备的维和部队，每一支维和部队都是在联合国授权后临时建立的，士兵由联合国成员国出。费用由各成员国分摊，维和部队的任务、任期和人数都有明确的规定，维和行动要接受联合国秘书长的领导。秘书长经安理会同意，任命维和行动特派团团长和部队指挥官或首席军事观察员。特派团团长向秘书长报告，秘书长则向安全理事会报告。

凡参加联合国维持和平部队的人员，必须被送到设于北欧4国的训练中心接受特种训练，以熟悉维和部队的职能、宗旨、任务和进行特种军事训练。联合国维和部队执行任务时跟各国特种部队不同，它必须公开自己的存在，必须行进在最引人注目的公路、广场、热闹地段等公开场合。联合国维和部队是联合国维和行动的一种形式。

维和部队由自己的指挥官指挥，维和士兵的服装都是着本国的制服，但是在维和士兵的臂章缀有"地球与橄榄枝"图案，部队统一着蓝色头盔或者蓝色贝雷帽，上有联合国的英文缩写"UN"，所以联合国维和部队亦称"蓝盔"部队。

《联合国宪章》规定，为了协助维持全球和平与安全，所有联合国会员国都应向安理会提供必要的军队和设施。但在实际操作中，维和行动所需的军事人员基本上由会员国自愿提供，并得到会员国资助。联合国根据维和预算方案对会员国的资助能力进行评估，并根据该预算方案的一个标准额度对派遣部队的会员国进行补偿。

尽管派遣人数很多，但是派出维和人员最多的仍是少数发展中国家。根据 2008 年 12 月数据，目前共有来自 120 个国家的91712 名维和人员在世界各地执行任务，其中派遣人数最多的前10 个国家为巴基斯坦、孟加拉国、印度、尼日利亚、尼泊尔、卢旺达、约旦、乌拉圭和意大利，最少的 3 个国家是哈萨克斯坦、冰岛和以色列，其中巴基斯坦、孟加拉国、印度派遣的人数分别为10000、9000 和 8000 多人。中国在 5 个常任理事国中派遣维和人员的人数最多，接下来依次为法国、英国、美国和俄罗斯。部署在联合国维持和平特派团的部队人员，只有约 10% 是来自欧盟，1% 来自美国。

联合国负责维和行动的副秘书长曾提醒会员国，"给联合国维持和平行动提供装备精良、训练有方和纪律严明的军事和警务人员是会员国的集体责任。不应该也决不能指望南方国家单独承担这个负担"。

维和行动的指挥与授权

维和行动一般由联合国安理会核准，联合国秘书长根据安理会授权，部署维和行动。安理会的决定需要至少9票赞成，安理会5个常任理事国中的任何一国投了反对票，就会否决某项决定。

秘书长负责维和行动的指导和管理，并向安理会报告进度。大型维和行动一般由秘书长特别代表领导。秘书长负责挑选维和部队的指挥官，请会员国提供部队、民警或其他人员，还必须请会员国或承包者提供用品、设备、运输和后勤支持。

联合国秘书处下设有一个维和行动部，负责管理联合国维和行动，并向维和行动提供后勤保障和支持。2007年6月，第61届联合国大会通过决议，批准了秘书长潘基文提出的改革联合国维和行动部门的建议，将联合国维和行动部现有职能一分为二，具体的维和行动仍由维和行动部负责，但后勤和行政管理等事务将交由新成立的外勤支助部负责。这两个部门各由一位联合国副秘书长领导。

1994年，联合国还在意大利建立了一个后勤基地，负责维和行动的物资储备，管理已结束维和行动和已缩编维和行动的剩余资产。

参加联合国维和行动的高级军官、参谋和军事观察员都直接受雇于联合国，通常都从各国武装力量借调。维和部队一般被称为蓝盔人员，他们属于本国编制，但在维和行动过程中接受联合国的指挥，向维和行动部队的指挥官并通过他向秘书长特别代表报告工作。

一国政府可以自愿派遣维持和平人员，也有权决定撤离其派出的维和人员。民事警官也由会员国派遣，比照军事观察员同等待遇，即作为联合国付酬特派专家履行职务。

安理会可以授权其他机构从事维和行动。这些行动不受联合国指挥。例如1999年，安理会授权北约组织维持科索沃和平。同时，安理会成立了联合国科索沃临时行政当局维和行动。同年，安理会授权澳大利亚领导的国际部队在东帝汶恢复安全。该部队第二年被联合国维和行动所取代。

2001年，安理会授权国际联盟保持在阿富汗的军事存在，同时还成立了联合国政治特派团，以支持过渡政府。

维和人员可以使用武力吗

联合国在多年的维和实践中，形成了一系列行之有效的原则，其中最基本的原则有三条，即有关各方的同意、严守中立与公正以及不使用武力。这三条原则是哈马舍尔德担任联合国秘书长时提出的，因此人们常将其称为"哈马舍尔德三原则"。

能否严格遵守这三条基本原则，是维和行动取得成功的关键。从联合国维和行动的性质来看，它具有非强制性。如果在维和行动中强制使用武力，那就违背了维和行动的初衷。在维和行动中行使武力强制不仅会造成更大的混乱，甚至会导致维和行动的失败。1973年10月，联合国秘书长瓦尔德海姆向安理会提出了组成联合国紧急部队的几条指导原则，其中一条就包括部队除自卫外不得使用武力。自卫包括：抵抗用武力手段阻止其履行根据安理会委托的职责的企图。

冷战后，国际环境出现了巨大变化，联合国维和行动的安全环境更为复杂，在有些情况下，联合国维和人员本身也受到攻击，并造成伤亡。安理会根据《联合国宪章》第7章授权维和人员在必要时"使用一切必要手段"，保护毗邻地区平民，防止针对联合国职员和给和人员的暴力行径。通过了一系列的关于使用武力解决冲突的决议，甚至允许直接使用武力。但是，违背维和基本原则，过分依赖武力的行动产生了很多负面效果。如在索马里，以美国为首的多国部队不是通过谈判促进索马里各派别的和解，而是试图通过武力手段解除各派别的武装，对艾迪德领导的索马里全国联盟武装采取了一系列军事行动，结果多国部队不仅没有恢复当地和平，反而激化了矛盾，使自己陷入武装冲突和内部纷争而不能自拔，造成150多名维和人员和10000多名索马里人丧生，最后被迫撤出。

针对这种情况，联合国秘书长表示，蓝盔人员有权进行自卫并保卫他们负责保护的人，但是，应该把使用武力视为最后手段。2008年，联合国制定的维和行动六原则指出，联合国维和行动除用于自卫或确保联合国安理会的授权得以实施外，不得使用武力。上述两种情况下使用武力，应保持不至于导致冲突升级的最低限度。

安理会在考虑是否批准使用武力时，必须考虑以下五个基本标准：

1. 威胁的严重性。有关威胁对国家或人类安全造成的伤害应足够明确和严重。如果是国内的威胁，应考虑是否存在涉及灭绝种族和其他大规模杀戮、族裔清洗或严重侵犯国际人道主义法行为的威胁。

2. 正当的目的。军事行动的主要目的是制止或避免有关威胁。

3. 万不得已的办法。应充分探讨通过非军事途径消除有关威胁的可行性。

4. 相称的手段。军事行动的范围、时间和强烈程度应与威胁程度相称。

权衡后果，应确保采取军事行动的后果不会比不采取行动的后果更坏。

维和行动的新发展

对联合国而言，建设和平是指帮助有关国家和地区由战争状态过渡到和平状态的种种努力，其中包括支助和加强过渡期的各种活动。通常情况下，建设和平进程以交战各方签订和平协议为起点，联合国积极推动和平协议的执行。在建设和平过程中，联合国努力确保交战各方通过谈判而不是靠武力解决问题。

建设和平必须从多个方面入手，必要时需要部署维和部队，还要遣返难民并帮助他们重返社会，组织选举，解除武装人员的武装，士兵复员和重返社会。建设和平的核心任务是努力建设一个和平的国家，使该国有能力用和平的方式解决争端、保护本国的平民并确保对基本人权的尊重。

建设和平行动由联合国系统的各组织参与，包括世界银行、区域经济组织及其他组织、非政府组织和当地民间团体。在柬埔寨、萨尔瓦多、危地马拉、莫桑比克、利比里亚、波斯尼亚和黑塞哥维那、塞拉利昂、科索沃和东帝汶，建设和平发挥了显著的作用。

2005年12月20日，联合国大会和安理会同时通过决议，成立联合国建设和平委员会。这个委员会的主要任务是帮助各国从战争状况过渡到和平阶段，就恢复工作提出咨询意见，重点关注战后重建和体制建设。2006年6月，建设和平委员会开始投入运作。为使这项工作能够顺利进行，联合国大会和安理会还同时决定设立建设和平基金和建设和平支助办公室，这三个机构共同构成联合国建设和平构架。

建设和平委员会可在以下三个方面发挥独特作用：（1）协调有关各方的努力，包括国际捐助方、国际金融机构、国家政府和部队派遣国；（2）调集资源；（3）就冲突后建设和平与恢复提出咨询和建议。

建设和平委员会委属于咨询机构，它只能处理已经签订了和平协议、摆脱了冲突、有基本安全保障的国家的申请。此类国家可通过大会、安理会、经济及社会理事会或秘书长提出申请被列入建设和平委员会的工作议程。目前，在建设和平委员会议程上的有布隆迪、中非共和国、几内亚比绍和塞拉利昂。

为支持建设和平委员会工作，联合国秘书处内设有建设和平支助办公室。这个办公室还协助秘书长加强联合国系统研究制定建设和平总体战略的能力，以便确保战略政策的协调性。

联合国于1981年了建立"国际和平日"，将每年的9月21日定为全球非暴力和停火纪念日。每年的这一天，世界各地的人们都以各种方式倡导和平。联合国秘书长每年的这一天都会敲响联合国总部内的和平钟。和平使者和其他重要人物将出席。

联合国秘书长潘基文表示，"成立这个委员会后，联合国会员国就有了一个新的重要结构，来支持从战争破坏中复原的脆弱社会。"

联合国如何预防武装冲突

1997年，美国卡内基基金会发表了一份研究报告。这份报告估计，联合国在波黑、索马里、卢旺达、海地、波斯湾、柬埔寨和萨尔瓦多进行的维和行动耗费了大约2000亿美元，这还不包括联合国在科索沃和东帝汶花费的费用。这项报告认为，如果采取了预防性做法，国际社会可以节省将近1300亿美元。联合国的调查表明，如果1994年4月在卢旺达部署5000人的部队，便足以制止那场造成大量平民被屠杀的种族灭绝事件。因此，采取预防性手段，防止武装冲突发生，不仅可以有效化解人道主义灾难，在经济上也是很划算的做法。

目前，联合国的维和行动已经有所发展，不再局限于战后的维和及战后重建，也可以在有关国家和地区开展早期预警、预防冲突和为建设持久和平方面的能力提供支助，以帮助国家及地方政府找到　解决各自的问题的办法。预防性外交、预防性部署和预防性解除武装是联合国防止争端升级为冲突以及防止冲突再次爆发的主要战略手段。

预防性外交是指为预防争端的产生，在冲突升级之前解决争端，或在冲突爆发时限制其扩散而采取的行动。预防性外交可以采取调停、和解或谈判等形式。预警是预防性外交行动的重要组成部分。联合国对全球的政治局势和其他领域的发展动态进行监测，以便早期发现有可能危害国际和平与安全的威胁，从而确保安理会和秘书长采取预防性外交行动。

联合国秘书长任命的特使和特别代表在全世界范围从事调停和预防性外交工作。在有些情况下，预防性外交成功地防止了紧张局势的升级。

预防性部署和预防性解除武装为预防性外交的重要组成部分。预防性部署，即投入维和人员或士兵以防止可能爆发的冲突，以便在局势紧张地区建立信任，从而防止冲突的爆发。迄今为止，预防性部署的两个实例是联合国在前南斯拉夫马其顿共和国和中非共和国。对于其他一些冲突，联合国也曾考虑采用预防性部署。今后，预防性部署仍将是一个可供选择的重要手段。

预防性解除武装的目的是在容易爆发冲突的地区削减小武器的数量。在萨尔瓦多、莫桑比克和其他地区，联合国为执行和平协议，采取了遣散战斗部队、收缴并销毁其武器的行动。

预防冲突的主要责任在于各国政府及其他当地参与者。防止武装冲突的发生需要本国参与者和国际社会尽早采取行动，找出并解决导致冲突的多重根源，例如，政治经济权力不公平、种族歧视、侵犯人权或土地资源分配不公等。必须掌握可靠的早期预警信息，对当地情况进行深入细致的了解，而且，有必要在制订发展计划时查明和解决这些不平等现象。

预防冲突与可持续发展是相辅相成的。有效的预防冲突是实现并维持持久和平的先决条件，而持久和平又是实现可持续发展的先决条件。可持续发展能够解决导致冲突的根源，可以起到预防冲突和促进和平的重要作用。为预防冲突提供投资，从长远看，可给国家发展带来多方面的回报。更有效的预防战略不仅可以挽救成千上万人的性命，而且还可以节约数十亿美元。

联合国维和行动范例

联合国最近成功维持和平的几个范例是：

波斯尼亚和黑塞哥维那

当联合国波斯尼亚和黑塞哥维那特派团（波黑特派团）2002年12月结束行动时，联合国有史以来采取的最广泛警务改革和结构调整方案已经完成。波黑特派团培训和委任了17000人的国家警察部队。除维持国内安全外，该部队还在遏制走私、麻醉品贸易和贩运人口方面取得进展。

东帝汶

东帝汶在联合国领导的有关同印度尼西亚合并问题的磋商结束后发生了暴力和破坏，此后联合国于1999年底应邀进驻东帝汶，指导帝汶人建国。联合国东帝汶过渡行政当局（东帝汶过渡当局）根据多层面任务规定运作，以便提供安全，维持法律和秩序，同时同帝汶人合作，奠定民主治国基础。联合国建立了有效的行政管理，使难民得以重返家园，帮助建立了民事和社会服务，确保了人道主义援助，支持了自制能力建设，并帮助建立了可持续发展的条件。

联合国仍在独立的东帝汶保持维持和平存在（联合国东帝汶支助团），以便协助建立行政体制，建立警署和维持安全。

塞拉利昂

在联合国塞拉利昂特派团（联塞特派团）协助下，国际社会制止11年内战、推动该国迈向和平的各项努力使得塞拉利昂得以进入一个民主过渡和改善施政的时期。自2002年5月选举以来，塞拉利昂一直享有大为改善的安全环境，并仍在努力巩固和平。重大的事件包括：完成包括将近7000名儿童在内的大约75000名战斗人员解除武装、复员工作并销毁其武器；联塞特派团维持和平人员修复公路；修缮和建造学校、教堂和诊所；并发起农业项目和福利方案。

刚果民主共和国

联合国组织刚果民主共和国特派团(联刚特派团)也取得了进展。联刚特派团从2000年的小型观察团逐步演变，最初是一个脱离接触和监测特派团；而后成为一个解除武装、复员、遣返、重返社会和重新安置方案的援助与核查团；再后则是一个负责协助过渡进程完成2005年全国大选的复杂特派团。联刚特派团通过同过渡政府各方保持联络，有助于创造有利环境，以便使涉及军警改革问题以及部门和过渡机构职权范围问题的关键立法获得通过。

该国广大地区目前都处于和平状态，而且还为再次统一采取了步骤：新国旗在前敌对分子控制区飘扬；刚果河重开航运；商业班机往返于金沙萨和叛乱分子曾经控制的其他城市；邮政和移动电话网得到扩大。这使得拥有10800人部队实力的联刚特派团得以向2004年初仍发生动乱的伊图里北部地区调派特遣部队。

利比里亚

在利比里亚，联合国以空前速度迅速派遣了联合国维持和平特派团（联利特派团），以便协助执行全面和平协定。该国安全局势早在联利特派团完全达到核准的15000名军警人员实力以前就已经显著改善。暴力和违反停火情况有所减少，联合国维持和平人员为提供人道主义援助，并为前战斗人员复员、解除武装和重返社会铺平了道路。继续部署部队和民政人员，为恢复民政管理与施政提供便利。

索马里维和失败的教训

1991年，位于非洲之角的索马里发生内乱，临时总统迈赫迪和军队参谋长艾迪德为首的两派发生武装冲突。1992年，安理会通过决议，对索马里实行武器禁运，授权成员国在索马里开展维和行动。以美国为首的20多个国家派出3.7万人的军队，组成多国部队开进索马里。

多国部队进入索马里后，试图通过武力解除各派别的武装，而不是通过谈判促进索马里各派别的和解。这导致索马里各派军阀对干预行动的不满。索马里势力最大的"索马里联合大会"领导人法拉赫·艾迪德把联合国看成其夺取全国政权的绊脚石，对维和部队采取伏击行动，造成数十人伤亡。1993年8月，联合国安理会授权多边部队采取一切必要措施，搜查和抓捕这次暴力事件的幕后策划者艾迪德。当时负责"恢复希望行动"的联合国特使、美国退役海军上将乔纳森·豪请求美国增派特种部队帮助抓捕艾迪德。美国总统克林顿命令美军特种部队到摩加迪沙执行抓捕任务。

美军的行动受到索马里武装的强烈抵抗，经过惨烈的战斗，美军死19人，伤70余人，2架直升机被击落，3架被击伤，数辆卡车和"悍马"车被击毁。这是越战以来美军所遭受的最为惨重的军事失败。

美军的行动遭到国际舆论的猛烈批评。英国前首相希思表示，联合国不应成为美国军事行动的保护伞。埃及外长穆萨表示，目前在索马里发生的一切，将会给索马里民族和解进程增加新的障碍。克林顿最终认识到应该政治解决索马里问题，因为几个月的"围剿"不但没有抓到艾迪德，反而使艾迪德在索马里更加得人心。

1995年3月，最后一批多国部队撤出摩加迪沙，标志着历时27个月、耗资20多亿美元的维和行动以失败告终。联合国既未实现在索马里组建一个民主政府的目标，也未实现各部族的和解，却使100多名维和士兵和近万名索马里人丧生。

索马里的失败打击了西方国家四处干预的热情，联合国维和行动骤减，1998年，维和部队人数从高潮时的8万人减到不足1.5万人。

卢旺达大屠杀

卢旺达大屠杀是长期殖民统治种下的恶果。胡图族和图西族是卢旺达的两大部族,分别占全国总人口的85%和14%。殖民主义者在卢实行"以夷制夷"的政策,在两大部族之间制造矛盾,造成部族间的不和。1962年,卢旺达独立前后发生过多次部族仇杀,造成大批难民外逃,部族矛盾进一步加深。

1994年4月6日晚,卢旺达总统哈比亚利马纳和布隆迪总统恩塔里亚米拉在赴坦桑尼亚首都出席关于地区和平的首脑会议后,同机返回首都基加利,飞机在机场降落时坠毁,两位总统和机上随行人员全部遇难。这引起了两大部族之间互相猜疑,卢国内局势迅速恶化。

4月7日,由胡图族组成的总统卫队绑架并杀害了图西族总理乌维兰吉伊马纳女士,同时组建了临时政府,图西族反政府武装"爱国阵线"拒绝承认临时政府,并向首都进军。卢旺达内战再度爆发,胡图族极端分子在全国范围内大肆残杀图西族和胡图族温和派。100天内,近百万无辜者被残酷杀害,占卢总人口的1/10。

卢旺达大屠杀本可以避免。大屠杀发生前3个月,联合国驻卢旺达维和行动指挥官达莱尔将军,曾向联合国维和行动部发出电报，报告卢旺达胡图族武装正在囤积武器，准备对图西族大开杀戒，请求增派维和人员。然而，联合国维和行动部以"超越权限"为由，拒绝了达莱尔的请求。达莱尔奉命向比利时、法国和美国驻卢旺达大使通报了胡图族正在加紧备战的情报，但仍未引起注意。

大屠杀开始后，联合国安理会曾试图采取行动，但由于美英两国的漠视和不介入政策，始终未能采取有效行动。

卢旺达大屠杀是联合国最为惨痛教训，由于国际社会未能在卢旺达采取预防措施，导致了整个区域严重的不稳定。联合国、非统组织及一些部队派遣国事后进行的调查都一致认为，灭绝种族行为发生之前早有各种先期征兆，联合国有充分的机会作出反应。据达莱尔将军估计，如果1994年4月在卢旺达部署大约5000人的部队，便足以制止那场种族灭绝事件。卡内基委员会的研究表明，种族灭绝事件后向卢旺达提供全面援助耗资高达45亿美元，而如果在卢旺达提前采取预防性行动的费用只需13亿美元。联大将每年的4月7日定为"卢旺达大屠杀国际纪念日"，以悼念过去，警戒未来。

维和士兵付出的牺牲

自 1948 年完成首次使命以来，联合国维和行动取得了显著进展，帮助那些饱受冲突困扰的国家和地区实现持久和平创造了有利的环境。目前，在世界各地，仍有 10 多万人在维和部领导的 18 个和平行动中工作，代表国际社会向千百万人带去和平、安全和希望。

在联合国维和努力过程中，维和人员付出了巨大的牺牲，截至 2009 年 1 月 31 日，共有 2568 名联合国维和人员在执行任务中牺牲。

1988 年，为表彰"维和人员为促进和平与安全作出宝贵的贡献"，联合国维和部队被授予诺贝尔和平奖。

1997 年 7 月 22 日，在维和行动 50 周年之际，安理会通过第 1121(1997) 号决议，向参与联合国维和行动的 75 万多名工作人员表示敬意，决定设立联合国达格·哈马舍尔德勋章，"以表彰那些在联合国指挥和授权的维和行动中殉职的人"。

2002 年，联合国维和 55 周年之际，联大决定将每年的 5 月 29 日定为联合国维和人员国际日，向所有维和人员的专业精神、献身精神和勇气致敬，并缅怀为和平事业献出了生命的维和人员。

60多年来，联合国及其专门机构和工作人员共10次获颁诺贝尔和平奖。有两任秘书长，即科菲·安南和达格·哈马舍尔德，因为开展的工作而从挪威诺贝尔委员会获得这项殊荣。

维和行动面临的挑战

经过多年努力，联合国对维和行动取得成功的一些先决条件做了总结，认为要想实现持久和平，必须具备下列条件：

1. 交战各方有和平解决分歧的真诚愿望；2. 维和行动授权明确；3. 国际社会强有力的政治支持；4. 提供实现行动目标所需的资源。

但是，随着联合国的维和行动的不断增加，规模和任务不断扩大，联合国维和行动面临的挑战不断增多：

经费紧张问题

维和行动持续增加，维和开支日趋庞大，加之会员国欠缴维和摊派款的现象严重，维和预算捉襟见肘。预算紧张导致维和人员、财物和后勤保障部署过于分散，对维和行动成功执行任务并确保维和人员安全造成困难。这要求维和行动部提高行动规划能力来应对可能出现的紧急情况，从而确保维和任务获得成功。同时，应最大限度地加强对财政和资源的有效管理，以有效的报告和监督机制维持会员国的信心。尤其是应继续调整维和采购机制和财务机制，使其更灵活地应对复杂的大规模行动。传统的维和原则与新维和理念的矛盾日见突出。

非使用武力原则与要求使用武力的矛盾

非使用武力原则是多年的维和实践形成的一系列行之有效的原则之一。冷战后国际环境的变化使得联合国维和行动介入的安全环境较为恶劣，要求使用武力执行维和任务的压力加大。安理会在授权实施维和行动及确定维和任务时，越来越多地援引宪章第7章，增加了维和行动的强制性，甚至允许直接动用武力。1990—1995年短短5年时间，联合国安理会就通过了11项关于使用武力解决冲突的决议，先后授权和出动多国部队对伊拉克、索马里、海地、波黑和卢旺达等采取了军事打击行动。2008年"联合国维和行动六原则"指出，联合国维和行动除用于自卫或确保联合国安理会的授权得以实施外不得使用武力。上述两种情况下使用武力，应保持不至于导致冲突升级的最低限度。

主权原则与保护的责任的矛盾

《联合国宪章》第2条第7款禁止干涉"本质上属于任何国家国内管辖之事件"。据此，有的国家认为，尽管第7章授权安理会"维持或恢复国际和平及安全"，但安理会不得授权对主权国家采取胁迫行动，无论这些国家境内发生什么情况。而《防止及惩治灭绝种族罪公约》规定任何地方发生的灭绝种族行为都是对所有人的威胁，是绝对不能允许的。据此，有的国家认为，不能用不干涉内政的原则来保护灭绝种族行为或其他暴行，这些行为应被视为危及国际安全，安理会要对之采取行动。这两种观点在国际社会长期以来一直有争执。

在波斯尼亚、卢旺达及科索沃相继发生的人道主义灾难使人们不再集中注意主权政府的豁免权，而注意它们对本国的人民和广大国际社会的责任。越来越多的人承认，虽然主权政府负有使自己的人民免受这些灾难的主要责任，但是，如果它们没有能力或不愿意这样做，广大国际社会就应承担起这一责任，并由此连贯开展一系列工作，包括开展预防工作，在必要时对暴力行为作出反应。

维和需要与实际能力之间的矛盾

近年来，世界范围的维和行动数目急剧增多，其任务范围也在扩大。联合国维和人员的任务除为当地民众提供安全保障并维持公共秩序外，还包括保护平民，保护关键设施和基础设施，协助进行改革，建立军队和警察等国家安全机构等。维和行只是实现长久和平的一部分。联合国必须具备有效的规划和执行非军事任务的技能，着力解决贫穷问题，实现持久和平，支持和协助当地重建法制，培养当地执行公共、行政事务的能力。联合国维和行动必须更好地与当地社区及日益增多的利益相关方合作，推动区域组织间建立有效伙伴关系，由他们把握建设和平的自主权，这对实现长久和平至关重要。

大国的影响

联合国维和行动难免受到大国利益的影响。某些大国试图将维和作为保障和实现本国利益的工具。由于西方大国的漠视，使联合国不能在第一时间采取行动，导致1994年卢旺达大屠杀的发生。

维和人员素质问题

由于监督环节薄弱、缺乏指导或纪律督察，在联合国的一些维和行动中出现了性丑闻，有的维和官兵参与走私，虽然这些都是极个别现象，但影响极坏。为了防止上述问题一再发生，2007年，联合国部署的18个和平行动现在都已设立专职纪律检查部门，几个联合国和非联合国实体在2006年12月发表了"关于消除联合国和非联合国人员的性剥削和性侵犯行为的承诺声明"，声明中规定了10种关键性优先行动，包括采取实际措施加以预防和妥善处理。

裁　军

　　裁军与扩军是从古至今难以解开的一对矛盾，从国际联盟开始就讨论裁军问题，但时至今日，军队越裁越多，武器越裁越先进。联合国在裁军领域取得了哪些成果，又面临哪些困境，出路究竟何在？希望这一章对于读者了解联合国的裁军努力有所帮助。

联合国的裁军努力

　　纽约联合国总部的花园里有一座前苏联政府赠送的雕塑，名为"铸剑为犁"。雕塑展示的是一位雄浑有力的男子挥动着手中的巨锤，将一柄长剑打造成耕地的犁。这座雕塑象征着人类要求终结战争，将武器化为工具，以造福全人类的渴望与决心。

　　这座雕塑的来历是，1949年4月20日至25日，一些国际组织和著名人士发起世界保卫和平大会，反对侵略和战争，要求无条件禁止原子武器和大规模毁灭性武器。大会在巴黎和布拉格同时举行，出席大会的有来自72个国家的2000多名代表。大会通过了《世界保卫和平大会宣言》、《告世界人民书》等十多项文件，并选出常设委员会。为了纪念这次大会的召开，前苏联雕塑家叶夫根尼·武切季奇创作了"铸剑为犁"这座雕塑。1959年，当时的苏联政府将这座雕塑作为礼品赠送给了联合国。

　　铸剑为犁，化干戈为玉帛，是人类由来已久的期盼，也是世界各国人民的共同理想。古希腊城邦国家之间就曾制定过彼此限制军备的协定。在中国，早在两千多年前，孔子就倡导消除武器，消弭战争的理念。他曾问他的三个学生子路、子贡和颜回，他们的理想是什么。子路主张尚武的思想，希望以武力征服对手，统一国家。子贡希望通过雄辩的方式说服对手，实现统一国家的理想。而颜回的治世理念是：铸剑戟以为农器，放牛马于原薮，室家无离旷之思，千岁无战斗之患。意思是把武器化为农具，让人们在和平的环境中放牧耕作，家人团圆，不会妻离子散，天下享受持久和平，永远没有战争。孔子对他的想法大为赞赏，感叹道："美哉！德也。"秦始皇统一中国后，命令收天下兵器铸12个铜人像，立于咸阳司马门外，这也可以说是中国历史上最早的裁军行动吧！

由于裁军问题涉及各国切身安全，涉及亿万人民的生死存亡，因此联合国成立以后一直将裁军问题作为一项重要议题予以审议。《联合国宪章》第26条规定，会员国承诺促进并维护国际和平与安全，尽量减少将世界的人力和物力资源消耗于军备。

联合国成立60多年来，为裁军问题几度召开特别联大，还宣布过两个裁军十年。国际社会的裁军努力取得了不少成果，制定了一系列控制和销毁军备的公约和协议，如《禁止细菌(生物)及毒素武器的发展、生产及储存以及销毁这类武器的公约》、《关于禁止发展、生产、储存和使用化学武器及销毁此种武器的公约》、《不扩散核武器条约》、《全面禁止核试验条约》、《反弹道导弹扩散国际行为守则》，还有一些限制常规武器的公约和议定书等。这些国际条约为裁判军备、防止武器扩散制定了法律规范，对于维护世界和平发挥了积极作用，使人类朝着实现铸剑为犁的理想不断向前迈进。

联合国的裁军机构

联合国成立后，设立过一系列裁军机构，如十国委员会、十八国委员会、裁军审议委员会、裁军咨询委员会、裁军研究所、裁军事务部等。现存的关于裁军问题的主要机构主要有：

联合国大会

联合国大会，也就是我们通常说的联大，是联合国的主要审议机构。根据《联合国宪章》的规定，联合国大会有权审议为维持国际和平与安全、包括裁军开展合作的一般原则并提出建议。联合国通过的所有有关裁军问题的条约、公约等都必须经过联合国大会表决通过。因此，联大应该是联合国有关裁军问题的最高权利机构。

安理会

安理会不是专职的裁军机构，但近年来，安理会管辖的范围有不断扩大的势头，包括裁军问题、反恐问题、防止武器扩散问题，甚至人权问题。由于安理会5个常任理事国同时也是5个核国家，在裁军和防扩散领域肩负着重要责任，也承担着重要义务，因此安理会在裁军与防扩散领域的地位自然非同一般。

裁军审议委员会

联合国裁军审议委员会，简称裁审会。它隶属于联合国大会，是联合国框架内唯一的审议裁军问题的专门机构。它由联合国所有成员国组成，设主席1人，副主席若干人，报告员1人，可以根据情况设立必要的工作组。裁审会的前身是1952年设立的裁军委员会。1975年5月举行的第1届裁军特别联大通过决议，将裁军委员会改为现在的裁审会。裁审会的职责是就裁军领域的各种问题进行审议和提出建议。委员会每年春季在纽约召开为期约3~4周的会议，审议的结果向联大报告。

裁军谈判会议

裁军谈判会议，简称裁谈会。它是目前唯一的全球性多边裁军谈判机构，它不是联合国的直属机构，但与联合国有密切联系。它独立通过其议程，但通过议程时要考虑联合国大会的建议，并每年向联合国大会提交其工作报告。由于总部设在日内瓦，因此人们也习惯称其为"日内瓦裁谈会"。裁谈会每年举行三期会议，讨论的主要议题包括禁止核试验、停止核军备竞赛和核裁军、防止核战争、防止外空武器竞赛、禁止生产核裂变材料、无核国家的安全保证、军备透明和控制杀伤人员地雷等。除个别例外，有关裁军领域的重要条约的实质性谈判大多在裁谈会进行，因此，它是裁军领域十分重要的机构。

联合国秘书处

联合国秘书处下面设有裁军部，不同时期规模不同，名称也不一样。目前的裁军事务部下设5个处，分别为日内瓦裁军谈判会议秘书处和会议支助处、大规模杀伤性武器处、常规武器（包括实际裁军）措施处、监测、数据库和信息处、区域裁军处。

联合国秘书处设有一位专门主管裁军事务的副秘书长。他负责裁军部的一切活动和行政事务，就各项军控、裁军及相关安全事项向秘书长提供咨询意见和支助。他还就裁军和国际安全领域的事态发展提供权威性的分析和评估。

什么是大规模杀伤性武器

大规模杀伤性武器，有时也称为大规模毁灭性武器，一般指核武器、生物武器和化学武器。上述武器不同于常规武器，一旦使用，会造成大量人员的伤亡，而且不分平民还是战斗人员，会给一个地区甚至整个世界带来灾难性后果。

生物武器

生物武器过去习惯称细菌武器，它包括生物战剂及用于装载和施放这些战剂的装置，如炮弹、航空炸弹、火箭弹、导弹弹头、喷雾器等。生物武器利用细菌、病毒和毒素等达到战争目的，致病微生物一旦进入机体（人、牲畜等）便能大量繁殖，破坏机体功能、导致人发病甚至死亡。它还能大面积毁坏植物和农作物等。

生物武器具有致命性、传染性强、面积效应大、危害时间长等特点，易在人群中迅速传染流行，造成人员伤亡，甚至造成社会恐慌。"9.11"恐怖事件后，美国一度出现多起炭疽疑案，虽然有真有假，但装着白粉的信封给美国人造成很大的心理恐慌。研制生物武器不一定需要高大的厂房和现代化的技术设备，一间小房子加上一些简易的设施，就可以将一株菌种以一变二，以二变四，直至千千万万。

化学武器

化学武器制造简便，成本低廉，因此被称为"穷人的原子弹"。化学毒剂通过炮弹、导弹等施放后，可以化成蒸汽、液滴或粉末状，使空气、地面、水源和物体染毒。

化学武器分为神经性毒剂、糜烂性毒剂、窒息性毒剂、全身中毒性毒剂和刺激性毒剂等，通过皮肤、呼吸道等进入人体。造成人的神经系统紊乱，肌肉强烈收缩，使人感到胸闷、气喘、恶心、呕吐、腹痛、腹泻、瞳孔缩小、视觉模糊、眼睛疼痛、鼻充血、痉挛、抽搐、窒息，直至昏迷、呼吸停止和死亡。

核武器

1938年，德国科学家发现：铀原子可以裂变，随之释放出巨大的能量。希特勒由此想到了开发核武器，并制定了代号为"U工程"的核研究计划，建造了第一座核反应堆和重水生产工厂，开始研制原子弹。美国也积极开展核领域的研究，力争抢在德国之前制造出原子弹。1941年，美国正式设立机构开始了研制原子弹的"曼哈顿计划"。

核武器利用核裂变或聚变反应释放的能量，产生爆炸作用，具有大规模杀伤和破坏效应。核武器爆炸时释放的能量比化学炸药要大得多，而且核反应过程非常迅速，在极短的时间内即可完成，产生高压冲击波，光辐射，还有核辐射、放射性沾染。

1945年7月，美国试验了第一颗原子弹，并马上投入使用。8月6日和9日，先后在日本的广岛和长崎投下原子弹。这是人类历史中第一次，也是唯一一次在实战中使用核武器。

禁止生物武器

　　历史上，欧洲国家曾多次将因瘟疫死亡的尸体等作为生物武器使用。日本侵华战争期间，曾建立生物武器部队——731部队，在中国进行生物武器的研制，并用活人进行武器试验。当前生物战剂主要有细菌、立克次体、衣原体、真菌和病毒。还有由细菌或真菌产生的毒素。病毒可能是更有效的武器，因为大多数细菌感染都可以被抗生素和药物所控制，而病毒则一般无药可用。

　　为制止生物武器的使用，国际上早就制定过相应的法律。1925年，国际上制定了《关于禁止使用细菌、毒素和窒息性武器的日内瓦议定书》。联合国成立后，从20世纪60年代初开始，十八国裁军委员会就着手进行禁止生物武器公约的谈判。1971年，美、英、苏等12国提出《禁止生物武器公约》（简称《公约》）草案，获得联大通过。1972年4月10日，《公约》分别在华盛顿、伦敦和莫斯科签署。《公约》于1975年生效，目前有152个签约国。缔约国承诺在任何情况下不发展、不生产、不储存、不取得除和平用途外的微生物制剂、毒素及其武器，也不协助、鼓励或引导他国取得这类制剂、毒素及其武器。缔约国还承诺在公约生效后9个月内销毁一切这类制剂、毒素及其武器。如有其他国家违反公约的规定，缔约国可向联合国安理会提出指控。但《公约》并没有规定强制性的核查措施，因此其效力受到一定局限。这项《公约》对于禁止生物武器、防止生物武器扩散发挥了积极作用，已成为国际军控条约体系的重要组成部分。中国于1984年加入了公约。

尽管《禁止生物武器公约》1975就生效了，但《公约》没有建立必要的核查机制，中国在加入《公约》时就发表声明指出《公约》的缺陷，希望在适当时候加以完善。《公约》缔约国曾两度成立工作组，以便制定一项核查议定书，两个工作组花了10年时间就议定书草案进行谈判。但美国认为生物领域的核查"可能使美国国家安全和商业机密面临威胁"，草案被封杀，加强《禁止生物武器公约》有效性的努力陷于僵局。

《禁止生物武器公约》每5年举行一次缔约国大会，审议公约的履行情况。2006年，第六次缔约国大会在日内瓦举行。在会议通过的最后文件中，各缔约国重申坚定不移地谴责任何人在任何时候将生物制剂或毒素作为武器用于战争、武装冲突或敌对目的。会议呼吁缔约国采取立法、行政、司法和其他措施，防止发展、生产、储存、以其他方式取得、保有或使用生物和毒素武器，用于武装冲突或敌对目的，并确保实验室和设施中的微生物制剂、其他生物制剂或毒素的安全。会议敦促缔约国采取积极措施，促进在平等和无歧视基础上的国际合作和技术转让，确保公约的基本目标，并确保科学技术的普及完全符合公约的和平目标和宗旨。下一次缔约国大会将于2011年在日内瓦举行。

全面禁止并彻底销毁
化学武器

国际社会很早就开始试图禁止化学武器。1874年，《布鲁塞尔公约》首次写入"禁止使用毒物或染毒武器"条款。1899年海牙第二公约附件和第二宣言重申了上述规定。1925年的《日内瓦议定书》把禁止化学和生物武器作为国际法公认的准则确定下来。

但是，由于化学武器造价便宜，技术简单，杀伤性大，因此屡禁不止。第一次世界大战前后，欧洲列强纷纷加紧研制化学武器并多次场上使用，造成大量人员伤亡。日本在侵华战争中、伊拉克在两伊战争中和镇压本国库尔德人过程中都使用过化学武器。1984年，联合国秘书长曾派出专家队赴两伊战场调查，证实在两伊战争中使用过塔崩和芥子气等化学武器。

联合国成立以后，于20世纪60年代初开始在十八国裁军委员会讨论禁止化学武器问题，美国称化学武器有别于生物武器，提出只禁止生物武器不禁止化学武器的议案，谈判一直没有进展。前苏联解体后，形势出现变化。1992年，各方终于就公约案文达成一致。公约于1993年开放签署，1997年生效，目前有167个签约国。中国是首批签约国。

《禁止化学武器公约》（简称《公约》）是裁军领域里迄今为止最为彻底的一项公约，它不仅禁止发展、生产、获取、拥有、转让和使用化学武器，而且要求销毁全部库存，并且规定了严格的核查制度。

　　日本在侵华战争期间多次使用化学武器，造成大量人员伤亡。日军投降时在中国遗弃了大量化学武器。经过几十年，这些遗弃化学武器锈蚀严重，有些出现泄漏，对当地人民和周边环境造成严重危害，不时发生日本遗弃化学武器伤人事件。

　　在《公约》谈判过程中，中国提出遗弃国对留在其他国家领土上的化学武器应承担全部责任。在中方的坚持和多方努力下，《公约》规定：遗弃国有义务销毁其遗留在别国领土上的化学武器。这为解决日本遗弃在中国的化学武器问题提供了国际法律依据。

　　为推动这一历史遗留问题早日解决，中国政府正式向日本政府提出交涉，要求日方承担责任，尽快销毁日本遗弃化学武器。日本政府于1991年1月派团来华与中方谈判，两国政府于1999年签署了《关于销毁中国境内日本遗弃化学武器的备忘录》，日方在备忘录中表示铭记中日联合声明和中日和平友好条约的原则和精神，承认在中国遗弃了化学武器，承诺将根据《公约》诚实履行作为遗弃缔约国应承担的义务。

　　销毁化学武器是一项艰巨的任务，因为化学武器制造容易，销毁却很难，需要特殊的技术和装置，不能对环境造成污染。

禁止核试验

　　国际上禁止核试验的努力分为两个阶段，第一阶段是部分禁止核试验，第二阶段为全面禁止核试验。

　　美国在日本使用核武器后，显示了核武器的巨大威力。为了保持对核武器的垄断，美国在联合国成立后马上要求对各国的原子能研究活动进行限制。在1946年的第一届联合国大会上，美国代表巴鲁克建议设立一个管制原子能的国际机制，各国的原子能研究活动必须接受国际监督，以确保有关研究的成果不会被用于生产核武器的目的，这项计划被称为"巴鲁克计划"。这项建议遭到前苏联的反对。前苏联要求禁止使用原子弹，停止原子弹生产，并销毁一切库存。美国自然不会同意，因此，限制和销毁核武器的第一步努力以失败告终。

　　1945年7月，人类第一颗原子弹"三位一体"在美国试爆。1949年，前苏联也成功试验原子弹。1952年，英国继美、苏之后也爆炸了原子弹，1960年，法国也成为核国家之一。为防止更多的国家掌握核武器，美、英、苏开始谈判防止核武器扩散问题，并于1963年在莫斯科签订了《禁止在大气层、外层空间和水下进行核武器试验条约》。这项条约只部分禁止核试验，因此被称为

《部分禁核试条约》。这项条约没有禁止地下核试验，使得核武器国家可以在地下继续进行核试验以改进现有的核武器。

中国政府当时曾发明声明，指出这项条约的目的是束缚别人的手脚，剥夺别国要进行一般核实验来建立自己核力量的权利，而它们自己却可以继续制造、储存和使用核武器。中国要求全面、彻底、干净、坚决地禁止和销毁核武器。1964年，中国第一颗原子弹试验成功，打破了美、英、法、苏四国对核武器的垄断。

核武器的不断扩散不利于维护国际和平与安全。冷战结束后，国际社会加大了禁止核核试验的努力。1994年1月，日内瓦裁军谈判会议开始就缔结《全面禁止核试验条约》（简称《条约》）进行谈判。1996年9月，第50届联大续会以158票赞成、3票反对、5票弃权的表决结果通过决议，正式认可《条约》文本。

《条约》要求全面禁止核武器试验爆炸及其他任何核爆炸，防止核武器扩散，促进核裁军，以增进国际和平与安全。缔约国承诺不进行、导致、鼓励或以任何方式参与进行任何核武器试验爆炸或任何其他核爆炸，并承诺在其管辖或控制下的任何地方禁止和防止任何此种核爆炸。

《条约》建立了一套国际监测系统，包括现场视察等国际核查机制，并在维也纳设立了《全面禁止核试验条约》组织。

根据《条约》规定，《条约》在其所列的44个有核能力国家全部交存批准书后第180天起生效。目前，44个有核能力的国家中，印度、巴基斯坦、朝鲜仍未签署条约，美国已经签署了条约，但表示不会送国会批准。联合国几次召开促进《条约》生效大会，但《条约》一直未能生效。

防止核武器扩散

　　由于核武器巨大的破坏性，国际社会越来越认识到防止核武器扩散的风险。美、苏两国也不愿意有更多地国家加入核国家的行列。因此，1965年，美国向十八国裁军委员会提出防止核武器扩散条约。美、苏两国经过双边谈判，就条约草案达成一致后，联手提出了《不扩散核武器条约》草案。提案于1968年获联大批准，1970年生效，有效期25年。

《不扩散核武器条约》是联合国在裁军领域里的一个里程碑式的文件，因为它是唯一一项对核国家有法律约束力的多边条约。它不仅强调防止核扩散，也强调要促进和平利用核能，同时以法律的形式为核武器国家规定了核裁军的义务。《条约》建立了一个安全保障制度，由国际原子能机构负责对缔约国用于和平目的的核设施进行核查，同时开展促进和平利用核能的工作。这项《条约》作为国际核不扩散体制的基石，在防止核武器扩散方面发挥了重要作用，中国于1992年加入了这项《条约》。

　　1995年，《条约》到期。缔约国召开大会讨论条约是否终止还是有限期或无限期延长问题。会上利益交杂，意见纷争。"不结盟"国家和一些无核国家反对无限期延长，理由是核国家没有履行核裁军义务等。他们认为，如果《条约》无限期延长，核国家就会放松核裁军努力，使"有核与无核"成为永久不可改变的不合理格局。经过激烈讨论，会议决定无限期延长《条约》。

1998年，印度、巴基斯坦先后进行核试验，使国际不扩散核武器机制受到严重挑战。在《不扩散核武器条约》2000年审议会上，不少国家对印度和巴基斯坦进行核试验提出批评。会议最后文件要求印巴两国全面履行安理会第1172号决议，暂停核试验和裂变材料生产，加入《不扩散核武器条约》。

会议协商一致通过了最后文件，敦促《全面禁止核试验条约》早日生效，要求核武器国家明确承诺彻底消除核武器。文件还强调了国际原子能机构在防止核武器扩散方面的重要作用，要求进一步加强机构的保障监督机制，并要求进一步加强对无核国家，特别是非条约缔约国在核材料、设备以及技术方面的出口控制。文件同时重申了各国和平利用核能的权利，强调应继续加强缔约国在这方面的合作。

美、俄、英、法、中5个核国家发表共同声明，阐述了五国在核裁军、防扩散及和平利用核能方面的一致立场，五国首次集体明确保证不将本国的核武器瞄准任何国家。这是五国第一次在审议会上发表共同声明。

各国代表团在发言和讨论中纷纷强调防止核武器扩散的重要性，并对国际上出现的一些扩散问题表示关注。在最后文件中各方一致同意进一步增强国际原子能机构的核查能力，完善各国的核出口控制。会议的最后文件体现了国际社会对防核扩散问题的重视。

中国代表团在大会的一般性辩论中作了重要发言，指出在新形势下，解决防扩散问题的关键是建立稳定、合作与互信的全球安全大环境，取消防核扩散领域的双重或多重标准，在集体安全的框架内，加强国际社会的团结合作和共同努力。

为什么裁军进程步履维艰

裁军问题被列入多边外交议事日程已经有上百年的历史了。然而，一方面努力裁军，另一方面又在积极开发更有效的杀伤武器，尽力提升军备水平，这是人类很长一段时间无法解开的一对矛盾。

19世纪末，欧洲列强开展军备竞赛，大幅度增加军费，沙皇俄国感到心有余而力不足，于是在1899年倡议召开国际和平会议，讨论限制军备问题。1907年，俄罗斯发起第二次海牙国际和会，讨论裁军问题。会议要求各国政府寻求有效措施，停止军备的进一步发展。但这些努力都没有多少成效。

第一次世界大战后，国联成立。裁军成为国联的重要议题之一，而且签订过若干限制军备的条约，但列强的军备越裁越多，越裁越精。

第二次世界大战结束后，世界进入冷战，以美国和前苏联为首的东西方两大集团开始进入新一轮军备竞赛，美苏耗费巨资生产了大量常规武器和核武器，其核武器的能量可以把世界毁灭好几次，和平受到严重威胁。美、苏曾在联合国提出过多种裁军方案，但由于各种方案的目的都是保护自己，削弱对方，因此在许多问题上达不成协议。即使达成了一些协议，也是边裁边扩，军备水平越来越高。

要裁军进程之所以步履维艰，有多方面的原因。一是国际关系中仍然存在强权即是真理的现象，国际法未能得到充分的尊重，国家的主权和安全无法得到保障。这种现象给各国带来了不安全感，需要加强军备以维护自身的安全。二是军事手段仍在维护国家安全方面发挥着重要的作用。

要想真正推动裁军进程，必须从多方面入手。首先要建立起一个法制国际社会，遵守《联合国宪章》的宗旨与原则，在国际关系中依国际法行事，以和平方式解决国际争端。其次，要加强联合国的权威，在国际关系中消除单边主义。第三，要消除冷战思维，树立新安全观。第四，裁军必须全面、彻底、公平。要防止大规模杀伤性武器的扩散，核武器国家要削减核武库，承诺不对无核武器国家使用或威胁使用核武器，直至全面禁止并彻底销毁各类大规模杀伤性武器。同时，要防止各类常规武器的无限增长，防止小武器的滥用，制止各类新型武器的研制和发展。

控制导弹扩散

导弹可以作为武器使用，但越来越多地被用作运载工具。导弹与火箭有着密切关系。最原始的火箭是在箭头上绑上易燃物，点燃后射向敌人。火药发明之后，人们把装有火药的筒绑在箭杆上，或在箭杆内装上火药，点燃后射出去，借助火药燃烧向后喷火所产生的反作用力，使箭飞得更远。现代的火箭除带有燃料外，还带有助燃用的氧化剂，因此在大气层内或者没有空气的大气层外都可以飞行。早期的火箭没有控制系统，发射出去后精度差，威力有限。第二次世界大战中，德国率先研制成功了带有制导系统的火箭，被称之为导弹。

导弹的优势是射程远、突防能力强、精度高、威力大，自问世以来，显示了强大的威力，成为各国十分重视发展的一种兵器，也是运载大规模杀伤性武器的主要手段之一。

20世纪80年代，越来越多的国家建立起导弹工业，或制订了导弹发展计划。美国等一些国家认为，这种趋势如不加以制止，必然会造成导弹技术的扩散，危及美国及其盟国的安全利益。因此，自1982年开始，美国与英国磋商建立相关机制，对导弹技术及其原料、设备进行控制。1985年7月，美、英、法、德、意、日、加拿大等7国就制定导弹技术控制制度达成一致意见，并就应予控制的范围制定了准则，各成员国同意，对转让有可能用于运载大规模杀伤性武器的运载系统进行控制。

2002年，一些国家经过讨论，在荷兰的海牙通过了《防止弹道导弹扩散海牙行为准则》，目的是通过透明和建立信任措施等手段，防止可运载大规模杀伤性武器的弹道导弹扩散。目前，《准则》有130个参加国。

导弹扩散问题也引起联合国的重视。2004年4月，联合国安理会一致通过第1540号决议，将非国家行为者获取和贩运大规模杀伤性武器及其运载工具和相关材料的问题列入议事日程，并对联合国成员国的行为作出规范。决议要求各国从立法、执法及国际合作等方面采取行动，切实防止大规模杀伤性武器及其运载工具的扩散，各国还需要就执行决议的情况提交国家报告。这项决议是安理会第一次就防扩散问题通过决议，应该说是历史性的。它的通过总的来说有利于在现有国际法基础上推动和加强国际合作，防止大规模杀伤性武器和运载工具的扩散，有其积极意义。

和平利用外层空间

1957年10月4日，前苏联发射了世界上第一颗人造地球卫星，人类利用卫星技术促进科学发展与和平利用外空从此进入一个新的时代。太空技术的发展既给人类开辟了美好的前景，同时也给人类自身的发展带来了新的课题。随着时间的推移和太空技术的不断发展，一些大国开始了外空的军事利用，外空武器化的危险有增无减。外空武器的发展成为国际形势中的一种不稳定因素，对人类的和平与安全造成威胁。

2009年2月10日，美国与俄罗斯发射的卫星在太空相撞。据媒体报道，这两颗卫星都服务于军事目的。这次事故再次引起各国对于和平利用外层空间问题的关注。

联合国早就开始关注和平利用外空问题。1959年，联大通过决议，设立了和平利用外层空间委员会，旨在制定和平利用外空的原则和规章，促进各国在和平利用外空领域的合作，研究与探索和平利用外空方面的科技问题和法律问题。

自成立以来，外空委共拟订了3项宣言和5项国际公约，均获联合国大会通过，包括《关于各国探索和利用包括月球和其他天体在内外层空间活动的原则条约》和《指导各国在月球和其他天体上活动的协定》等。联合国还三次召开和平利用外层空间大会。

进入新世纪，空间的战略和军事价值日渐凸现，这促使越来越多的国家将军事建设的目光投向空间。国际社会呼声更是不断加强，要求通过法律的形式防止外空出现军备竞赛，制止外空军事化。联合国大会连续20余年以压倒性多数通过决议，要求裁谈会在谈判缔结防止外空军备竞赛多边协定中发挥主导作用。2008年2月，中国和俄罗斯共同起草并向日内瓦裁军谈判会议提交了《防止在外空放置武器、对外空物体使用或威胁使用武力条约》草案。俄罗斯外长拉夫罗夫专门到会发言，介绍条约草案。中国外交部长杨洁篪也向会议发表了书面致辞，强调防止外空武器化和外空军备竞赛，维护外空的和平与安宁，符合各国的共同利益，希望裁谈会尽早就这一草案开展实质性讨论，并达成共识。

但美国的态度仍然是消极的。2006年，布什政府签署了新的美国《国家太空政策》，表示太空是美国经济、国家和国土安全的重要组成部分，美国拒绝就任何可能会限制其进入和使用太空的协议进行谈判，美国反对任何形式的军事控制协议。如有必要美国有权不让任何敌视美国利益的国家进入太空，太空自由与美国海上和空中力量同样重要。由于美国的消极态度，联合国在防止外空军备竞赛、制定外层空间法律体系方面的工作一直停滞不前。

管制小武器

自第二次世界大战结束以来，60多年过去了，世界再没有爆发大规模的世界性战争，但是，地区性及国内武装冲突却从来没有停止过，在这些冲突中使用最多的，不是大规模杀伤性武器，而是小武器和轻武器。据联合国统计，全球共有6亿件小武器和轻武器流散在民间，每年导致50万人丧生。打击小武器非法贸易活动有助于妥善解决有关国家和地区的冲突，恢复和平，维护稳定，符合各国的共同利益。

小武器指的是各类手枪、步枪、冲锋枪、突击步枪和轻机枪。轻武器则指重机枪、榴弹发射器、轻型高射炮、反坦克炮以及便携式防空导弹等。

小武器和轻武器是武装冲突各方的"首选武器"。它们比较便宜，便于携带，易于隐藏，经久耐用，而且极易操作，甚至连十几岁的儿童都能轻易掌握并在战斗中使用。

小武器和轻武器加剧冲突，助长人们以暴力而不是以和平的方式解决分歧。由于小武器和轻武器容易获得，一些武装团伙依靠手中的小武器和轻武器洗劫村庄，杀害平民，破坏甚至捣毁当地的联合国发展项目和捐助国的发展项目，有些联合国的官员及维和人员有时也成为小武器攻击的牺牲品。小武器的非法贸易及过度积累加剧了战乱地区的动乱，影响了战后重建，助长了恐怖主义、贩毒和走私等有组织犯罪活动。

自20世纪90年代中期以来，联合国开始审议小武器和轻武器问题，并一直将其列在议程之上。联合国秘书长于1995年和1997年两次设立专家组就解决这一问题进行研究。专家组提出报告，提出了一系列可以采取的措施，以预防和减少小武器的积存和转让。联合国秘书长在其《千年报告》中指出，必须将小武器和轻武器置于国家的控制之下，各国应为这些武器的转让负责。

联合国已在许多维持和平行动中开展了收缴和销毁武器的工作，并在一些国家开展了"武器换发展"的试办项目，以修路建桥等社区发展活动为交换条件，从民间社会收缴武器。2001年，联合国在纽约召开了关于小武器和轻武器违禁贸易以及所有相关问题的会议，达成了旨在打击小武器非法贸易的《行动纲领》，制定了比较可行的目标和措施，并提出了一些后续行动。这是国际社会第一份有关打击小武器非法贸易的政治性文件。

小武器问题涉及裁军、安全、发展和人道主义等多方面的因素。一些发展中国家认为小武器是发展中国家赖以自卫的武器，控制小武器不应损害他们自卫的权利。美国是私人拥有枪支最多的国家，也是在非武装冲突中因枪支死亡人数最多的国家，其武器生产规模大、利润丰厚。美国的武器生产商对联合国管制小武器的努力十分关切，他们利用各种机会开展游说，反对限制小武器。由于上述复杂因素，国际上目前尚没有达成一项普遍接受的国际准则和标准来直接处理小武器和轻武器问题。

联合国军备透明制度

联合国的军备透明制度包括《联合国军费透明制度》和《常规武器登记册》制度。这两项制度没有法律约束力，不对任何国家的军费开支和武器转让进行限制。

《联合国军费透明制度》，又称军事开支报告制度，是联合国根据1980年12月通过的关于《削减军事预算》的决议设立的。该决议建议联合国成员国向秘书长提交军事开支情况，并由秘书长每年向联大报告。这个制度的主要目的是增加军事透明度。目前，已有110多个国家向这个制度至少提交过一次报告。

《常规武器登记册》于1992年建立。1991年12月9日，第46届联大通过了题为《军备透明》的第46／36L号决议，要求联合国秘书长设立常规武器登记册，将各国武器转让的有关情况记录在册。该决议呼吁成员国每年向联合国秘书长提供上一年度列入登记范围的常规武器进出口情况。

列入《常规武器登记册》的共有七大类常规武器，包括坦克、装甲车、火炮、作战飞机、攻击直升机、舰艇、导弹和导弹发射系统。武器登记册有利于增加军备领域的公开性和透明度，提高各国之间的信任。不过，有的国家出于维护自身安全利益等考虑，不愿向联合国提交申报，造成登记册普遍性不足的情况。

为提高登记册的效果，联合国每3年对列入登记册武器的范围和参加登记册的情况进行审议。2006年，秘书长根据联大决议任命了一个政府专家组，对登记册的持续运作及其进一步发展进行审查。专家组认为，自设立以来，登记册取得重大的进展，参加国数量有所增加，但必须继续努力，争取实现所有国家都普遍参加的目标。第61届联大通过决议，呼吁各会员国按期向秘书长提供登记册要求的数据资料，包括"无"报告，以期实现普遍参与。

中国支持联合国在促进各国军备透明和安全领域互信方面发挥重要作用，主张国际社会共同努力，不断加强联合国军费透明制度和常规武器登记册的普遍性和有效性。中国从2007年起参加联合国军费透明制度，向联合国提交上一财政年度的军事开支基本数据。中国积极参加了登记册历届政府专家组工作，对其建立和发展做出了重要贡献。登记册建立后，中国每年向登记册提供有关常规武器的进出口情况。由于美国自1996年起坚持向登记册提供其向中国台湾省出售武器的情况，违背了联大有关决议的精神及登记册的宗旨和原则，中方暂停参加登记。目前，登记册涉台问题得到圆满解决，2007年中方恢复向登记册提供七大类常规武器的进出口报告。

限制杀伤人员地雷

地雷是一种防御性武器，但往往对平民造成伤害。据联合国估计，全球埋设的杀伤人员地雷约有1亿枚之多，每年有数千人被这些"无声杀手"伤残或杀死，其中大部分为儿童、妇女和老人。

地雷有许多种，这里所说的主要是伤杀人员地雷，因为这种地雷造成的平民伤亡情况更为突出。限制地雷的工作主要分为两大部分，一部分是限制某些种类地雷的研制、生产和使用，另一部分是对已经布下的地雷开展排雷工作。

限制和禁止地雷的努力

联合国早在1980年就通过了限制使用地雷的议定书，1996年，联合国对议定书做出修订，要求所有的地雷必须是可测的，即地雷必须带有8克以上的金属，以便在战后探测和排除，远距离投放的地雷必须带有30天后即自动销毁的装置，雷区应予标明，禁止出口不可探测的地雷等。

一些国家对联合国只部分禁雷表示不满，并发起了一场全面禁雷运动，签署了《渥太华禁雷公约》，要求立即、全面禁止杀伤人员地雷，缔约国在任何情况下都不得使用、发展、生产、获取、保留或转让杀伤人员地雷。现存的所有杀伤人员地雷应予销毁，现有雷区必须清除，缔约国应每年向联合国秘书长报告履约情况。《渥太华禁雷公约》目前已有126个缔约国。

排雷工作

世界许多区域都面临着十分繁重的排雷任务。这项工作十分复杂。在部署排雷人员或装备之前，必须进行初步局部排雷活动，以便为排雷人员创造安全的工作环境，之后才能扩大范围，进入全面排雷阶段。

自20世纪80年代以来，联合国在60多个国家开展了排雷工作，处理了数以百万计的杀伤人员地雷。联合国开展排雷工作需要经过安理会的授权。排雷行动目前主要集中在雷患比较严重的几个国家和地区，如柬埔寨、阿富汗、刚果民主共和国、埃塞俄比亚和厄立特里亚、科索沃、黎巴嫩、苏丹和前南斯拉夫马其顿共和国。

中国批准了经修订的联合国《地雷议定书》，在中越边境地区开展了两次大规模扫雷，向联合国"扫雷基金"捐款10万美元，为一些来自雷患国家的学员进行扫雷技术培训，还捐赠了探雷和扫雷器材。中国没有加入《渥太华禁雷公约》，但表示认同公约的宗旨和目标，并通过各种切实、可行的途径，全力解决地雷造成的人道主义问题。2003年9月，中国派观察员出席了在泰国曼谷召开的《渥太华禁雷公约》第五届缔约国大会。

促进发展

　　联合国成立60年来，在促进世界经济、社会、文化发展和交流方面发挥了积极作用，在消除贫困、保护环境和资源、保护妇女儿童权利、推动全球合作、打击毒品走私等方面做出了重要贡献。这一章详尽介绍了联合国在上述领域的成果，同时特别强调了可持续发展的重要性。

促进经济和社会发展

  消除贫穷和增进全世界人民的福利是联合国的主要工作之一，自成立以来，联合国在这方面做了大量的工作。联合国系统多达70%的工作都是为了执行这一任务。

  联合国在促进发展方面具有独一无二的优势：

  （1）普遍性：制定重大政策决定时，所有国家都有发言权。

  （2）公正性：不代表任何国家和商业利益，能够与各国及其人民建立信任关系，提供援助不附加条件。

  （3）全球无处不在：联合国在世界各地设有机构，拥有世界上最大的负责将发展援助交付到位的国家办事处网络。

  （4）任务范围广泛全面，涉及社会、经济和紧急情况各方面的需要。

  （5）对所有"联合国人民"的承诺。

  联合国及其专门机构的工作取得了有目共睹的成绩。联合国使世界上许多处于贫穷之中的人民改善了生活。联合国系统每年用于发展方面的资金高达65亿美元，帮助难民、穷人和饥民，改善儿童生存状况，促进环境保护，控制犯罪和毒品，促进妇女平等和民主。联合国各专门机构也为世界各国提供技术援助和其他形式的实际援助。它们与联合国合作，协助制定政策，订立标准和准则，帮助提供支援和筹集资金。此外，世界银行每年提供几十亿美元用作发展贷款（2001年有170多亿贷给100多个发展中国家）。

联合国开发计划署是联合国系统内负责经济与社会发展援助的最主要机构，它在世界各地设有130多个办事处，是联合国为全世界可持续发展提供多边赠款最多的机构。开发计划署积极参与实现联合国千年发展目标的活动。联合国儿童基金会是联合国致力于儿童的长期生存、保护和成长的牵头机构。儿童基金会在将近160个国家和领土内开展活动，其方案重点为免疫、初级保健、营养和基本教育。

还有其他许多联合国规划署/计划署与各国政府和非政府组织一道努力促进发展。世界粮食计划署是世界上最大的国际粮食援助机构，既提供紧急救济援助，也提供发展援助。联合国人口基金是最大的提供人口援助的国际组织。联合国环境规划署、联合国人类住区规划署都在有关领域发挥了积极作用。

联合国贸易和发展会议致力于促进国际贸易，以使全球市场向发展中国家开放，发展中国家更多地参与世界经济。贸发会议与世界贸易组织建立有密切的合作关系，通过国际贸易中心协助发展中国家促进出口。

联合国的蓝色旗帜赢得了人们的尊重，因为这面旗帜是人人援助他人以建设公正和可持续世界的象征。

促进可持续发展

可持续发展的概念

可持续发展的概念最早是在1972年联合国在斯德哥尔摩举行的人类环境研讨会上提出的。这次研讨会云集了全球的工业化和发展中国家的代表，旨在共同界定人类在缔造一个健康和富有生机的环境中所享有的权利。自此以后，各国都尝试着给可持续发展下一个定义，即什么样的发展才可称为可持续发展。目前，各方面提出的定义多达几百个。得到国家社会广泛共识的，是在1987年由世界环境及发展委员会所发表的《我们共同的未来》报告中所下的定义。

报告提出，所谓可持续发展，应当既满足当代人的需求，又不对后代人满足其需求的能力构成危害，这样的发展才可以称为可持续发展。可持续发展既要达到发展经济的目的，又要保护好人类赖以生存的大气、淡水、海洋、土地和森林等自然资源和环境，使子孙后代能够永续发展和安居乐业。环境保护是可持续发展的重要方面。可持续发展要求在严格控制人口、提高人口素质、保护环境、资源永续利用的前提下进行经济和社会的发展。可持续长久的发展才是真正的发展。

联合国为促进可持续发展所做工作

1992年6月，联合国在巴西的里约热内卢召开环境与发展会议，这次会议习惯上称为地球问题首脑会议。会议把经济和社会发展与环境保护联系起来，并通过了《21世纪议程》。它为国际社会从20世纪90年代至21世纪的行动绘制了蓝图，涉及全球持续发展有关的所有领域。《21世纪议程》载有2500余项行动建议，包括减少浪费、保护大气、海洋和生活多样化以及促进可持续农业等。

1992年12月联合国大会设立了可持续发展委员会。该委员会的主要任务是增进国际合作和使政府间决策过程合理化，使其有能力兼顾环境发展问题，审查在国家、区域和国际三级实施《21世纪议程》的进展情况，以便在所有国家实现持续发展。

可持续发展委员会的具体职能包括：追踪联合国系统在实施《21世纪议程》、将环境与发展密切结合方面取得的进展；考虑各国提供的关于实施《21世纪议程》情况的信息，包括各国在此方面面临的资金、技术转让等问题；审议执行《21世纪议程》的进展情况，包括提供资金和技术转让，以及发达国家的官方发展援助是否达到了占其国民生产总值0.7%的水平；通过经社理事会向联大提出报告。

该委员会还促进各国政府与参加可持续发展的主要集团的对话，建设伙伴关系。为帮助各国收集和报告数据以便测量进展情况，委员会制定了一套国际接受的可持续发展指标，并鼓励各国政府设立国家可持续发展机构及制定这方面的目标。

关注环境问题

当前人类面临着日益严重的环境问题，环境污染和自然资源的破坏直接威胁着人类的健康和子孙后代的生存。整个联合国系统都以不同的方式参与环境保护方面的工作。其工作主要涉及如下几个方面：

推动达成国际公约

自1972年以来，联合国各机构和方案已帮助达成300多项国际条约和协定，涉及濒危物种、海洋污染、臭氧耗竭、有害废物、生物多样性、气候变化、荒漠化、渔业、工业化学品和杀虫剂等。这些努力，使船只的污染减少了60%，使北美和欧洲的跨界污染受到控制，使工业化国家和发展中国家停止生产许多种有害臭氧层的气体。

设立专门机构

联合国环境规划署是联合国环境保护工作的主要机构。它的

129

主要作用是评估世界的环境现状，确认需要国际合作的重要项目，帮助形成环境方面的国际性法规，帮助联合国系统在制定社会和经济政策时考虑到环境因素。

它也帮助各国更好地管理环境，监测地球状况并为订立国际条约和行动纲领建立共识，帮助各方谈判执行关于生物多样性、沙漠化和气候变化的公约。

环境署还宣传关于环境的知识和信息，推进和协调的环境信息的研究和综合，提供环境状况的报告，激发起人们对环境问题的意识。

环境署建立"全球资源信息数据库"，推动数据和信息的收集和传播，它还建立有一个气候变化问题小组，由120多个国家的1000多名著名科学家组成，负责评估气候变化的原因、影响及减轻和适应气候变化的可选办法。其他类似的科学技术机构也根据与臭氧层有关的国际条约开展业务。粮食及农业组织监测全球鱼类，向有过度捕捞危险的国家发出警报。联合国赞助的千年生态系统评估有1500名世界各地的著名科学家参与，考察维持地球上生命的支持系统，如世界各地的草原、森林、河流和湖泊、农田和海洋。这次评估将向决策者提供有关世界生态系统的变化对人类生活和环境的影响的权威科学知识。

设立全球环境基金

全球环境基金由开发计划署、环境规划署和世界银行共同管理，目前已拨款35亿多美元并另外借款80亿美元用于减轻气候变

众国之国联合国

化的危险、以可持续方式维持和利用生物多样性、保护国际水域并逐步使150多个发展中国家和转型期经济体停止使用臭氧消耗物质和持久性有机污染物等方面的行动。

联合国的发展十年

从20世纪60年代起，联合国曾连续发起4个"发展十年"，为促进各国的发展起到了积极作用。

第一个发展十年（1961—1970年）

1961年，联合国大会发起第一个发展十年，把缩小不平等、促进贫国与富国间的合作、改善人民生活作为国际社会的责任，目标是帮助发展中国家的国民经济总值到十年战略结束时增长5%。第一个发展十年取得了显著成绩：为发展中国家提供了10亿美元的粮食援助和43亿美元的援助基金，发展中国家城市消费者的粮食供应得到了满足。

第二个发展十年（1971—1980年）

1970年，联合国大会国通过《第二个联合国发展十年的国际发展战略》，目标是发展中国家国民生产总值的年增长率达到6%。

为实现这一目标，联合国努力确保稳定、有利和公平的初级产品价格，力争取消或减少关税以及其他限制性商业措施，减少对发展中国家进口所设置的障碍。决议要求发达国家增加官方发展援助，达到其国民生产总值的0.7%。联合国为实现第二个发展十年目标发起全球谈判，为南北对话、南北合作取得进展注入了希望，一些实质性的问题得到初步解决。

第三个发展十年（1981—1990年）

1980年，联合国大会发起第三个发展十年，发展中国家国内生产总值每年总的增长率为7%；到1990年，发展中国家国内储蓄总值应达到24%；货物和劳务的进出口年增长率不得低于7.5%；为发达国家确定的官方发展援助的指标应为其国民总产值的0.7%。

第三个发展十年协调了发展中国家的自力更生和团结合作，加强了南北对话，对最不发达国家的援助有所增加。

第四个发展十年（1991—2000年）

1990年，联合国大会发起第四个发展十年，发展战略旨在到2000年达到下列目标：发展中国家经济的加速发展，减少贫困，为各国实现可持续发展打下基础，改进国际货币、金融和贸易体制，使世界经济更加稳定，这项战略要求各国加强国际合作，对

133

最不发达国家所面临的问题予以特别关注。

第四个发展战略把重点放在了改善发展中国家的人的状况，努力消除贫富国家之间的差别，避免环境恶化，同时也强调人力资源开发、大力应用科学和技术。这些反映了国际发展战略出现了新的优先次序。

《联合国气候变化框架公约》和《京都议定书》

　　1992年6月在巴西里约热内卢举行的联合国环境与发展大会上，150多个国家制定了《联合国气候变化框架公约》（简称《公约》）。《公约》的目标是将大气中温室气体浓度稳定在不对气候系统造成危害的水平。

　　《公约》是世界上第一个为全面控制二氧化碳等温室气体排放，应对全球气候变暖给人类经济和社会带来不利影响的国际公约，也是国际社会在应对全球气候变化问题上进行国际合作的一个基本框架。《公约》于1994年3月生效，目前已有190多个国家批准了《公约》。

　　《公约》规定，每个缔约方都必须定期提交专项报告，其内容必须包含该缔约方的温室气体排放信息，并说明为实施《公约》所执行的计划及具体措施。

　　《公约》有法律约束力，对发达国家和发展中国家规定的义务以及履行义务的程序有所区别。《公约》要求发达国家作为温室气体的排放大户，采取具体措施限制温室气体的排放，并向发展中国家提供资金以支付他们履行公约义务所需的费用。发展中国

135

家则不承担具有法律约束力的限控义务。

《公约》规定每年举行一次缔约方大会。自1995年3月28日首次缔约方大会在柏林举行以来，缔约方每年都召开会议。

为了人类免受气候变暖的威胁，1997年12月，《联合国气候变化框架公约》第三次缔约方大会在日本京都召开。149个国家和地区的代表通过了旨在限制发达国家温室气体排放量以抑制全球变暖的《京都议定书》。《京都议定书》规定，到2010年，所有发达国家二氧化碳等6种温室气体的排放量，要比1990年减少5.2%。

《京都议定书》需要至少55个国家和地区批准之后，才能成为具有法律约束力的国际公约，这些国家的排放量占1990年全球温室气体排放量的55%以上。中国、欧盟及其成员国、澳大利亚等170多个国家批准或加入了议定书，美国没有签署。

截至2004年，主要工业发达国家的温室气体排放量在1990年的基础上平均减少了3.3%，但美国的排放量比1990年上升了15.8%。2001年，美国总统布什宣布美国退出《京都议定书》，理由是议定书对美国经济发展带来过重负担。

京都议定书允许采取以下减排方式：

1. 两个发达国家之间可以进行排放额度买卖的"排放权交易"，即难以完成削减任务的国家，可以花钱从超额完成任务的国家买进超出的额度。

2. 以"净排放量"计算温室气体排放量，即从本国实际排放量中扣除森林所吸收的二氧化碳的数量。

3. 可以采用绿色开发机制，促使发达国家和发展中国家共同减排温室气体。

4. 可以采用"集团方式"，即欧盟内部的许多国家可视为一个整体，采取有的国家削减、有的国家增加的方法，在总体上完成减排任务。

千年宣言与千年发展目标

2000年9月，在联合国千年首脑会议上，世界各国的领导人就消除贫穷、饥饿、疾病、文盲、环境恶化和对妇女的歧视，一致通过了一套有时限的目标和指标。这些目标和指标被置于全球议程的核心，统称为千年发展目标。189个国家的领导人在会上签署联合国《千年宣言》，就此做出郑重承诺，以1990年的水平为标准，将全球贫困水平在2015年之前降低一半。

联合国秘书长安南发表报告，详细探讨国际社会如何努力实现去年联合国千年首脑会议通过的《千年宣言》中所确立的目标等问题。

这份长达59页的报告题为《通向实现联合国千年宣言目标的路线图》，其主要内容包括维护国际和平与安全、实现发展与消除贫困以及加强联合国的作用等问题。报告审查了目前通过各国努力在有关方面所取得的进展，并就今后的措施提出了建议，同时还向国际社会提出了实现《千年宣言》中所确定的8个主要目标的"前进战略"。报告建议，《千年宣言》所确定的目标应当成为各国发展规划中的主要目标和制定有关政策时的重要参考依据。

具体目标:

1. 消灭极端贫穷和饥饿:靠每日不到1美元维生的人口比例减半;挨饿的人口比例减半。

2. 普及小学教育:确保所有男童和女童都能完成全部小学教育课程。

3. 促进男女平等并赋予妇女权利:最好到2005年在小学教育和中学教育中消除两性差距,最迟于2015年在各级教育中消除此种差距。

4. 降低儿童死亡率:5岁以下儿童的死亡率降低2/3。

5. 改善产妇保健:产妇死亡率降低 3/4。

6. 与艾滋病毒/艾滋病、疟疾和其他疾病作斗争:遏止并开始扭转艾滋病毒/艾滋病的蔓延;遏止并开始扭转疟疾和其他主要疾病的发病率增长。

7. 确保环境的可持续能力:将可持续发展原则纳入国家政策和方案,扭转环境资源的损失;无法持续获得安全饮用水的人口比例减半。

8. 全球合作,促进发展:进一步发展开放的、遵循规则的、可预测的、非歧视性的贸易和金融体制。包括在国家和国际两级致力于善政、发展和减轻贫穷;满足最不发达国家的特殊需要。

联合国秘书长、世界贸易组织、国际货币基金组织等国际机构和各成员国,特别是发展中国家,都对千年发展目标十分关注,并致力于按期实现目标。2004年3月,联合国发表了第一份千年发展目标进度报告,其中表扬中国在推动该目标方面的成果。中国已经在包括减少贫困人口等几个方面提前实现了千年发展目标。联合国对其他目标在中国的实现也表示乐观。联合国在2008年发表的千年发展目标报告中称，展望2015年及更远的未来，终结贫困的总目标肯定能够实现。

联合国与全球契约

　　过去几十年，伴随着高科技的迅速发展，世界经济格局也发生了深刻的变化。全球化的进程，为世界经济的发展带来机遇，也带来了挑战。传统产业结构不断更新重组，人们的传统观念也发生了深刻的变化，各国的文化在不同程度上受到各种因素的冲击。经济全球化在加快世界经济发展，促进国与国之间的经济技术合作的同时，其负面影响也日趋严重。南北差距、贫富悬殊、失业、自然资源破坏、生态环境恶化等严重社会问题，正引起各国的严重关注和不安，各种非政府组织掀起一个又一个抗议浪潮。"全球契约"正是在经济全球化的背景下提出的。

　　1995年召开的世界社会发展首脑会议上，联合国秘书长科菲·安南曾提出"社会规则"、"全球契约"(Global Compact)的设想。1999年1月在达沃斯世界经济论坛年会上，安南又提出"全球契约"计划，并于2000年7月在联合国总部正式启动。

　　"全球契约"计划号召公司企业在人权、劳工标准、环境及反贪污方面遵守一整套必要的社会规则，即"全球契约"。通过负责的、富有创造性的企业表率，建立一个推动经济可持续发展和社会效益共同提高的全球机制，从而给世界市场以人道的面貌。

安南要求全世界的企业领导人加入"全球契约"，通过企业的单独行动并通过支持适当的公共政策，进一步帮助保障人权和劳动标准及保护环境。全球契约十大原则：

1. 企业应在其能影响的范围内支持并尊重对国际社会做出的维护人权的宣言。

2. 不袒护侵犯人权的行为。

3. 有效保证组建工会的自由与团体交涉的权利。

4. 消除任何形式的强制劳动。

5. 切实有效地废除童工。

6. 杜绝在用工与职业方面的差别歧视。

7. 企业应对环保问题未雨绸缪。

8. 主动承担环境保护责任。

9. 推进环保技术的开发与普及。

10. 积极采取措施反对强取和贿赂等任何形式的腐败行为。

安南的建议得到了发达国家和国际工会组织的支持，也取得了企业界和国际雇主组织的积极响应。一些大型跨国集团公司开始行动起来，倡导承担社会责任，与工会组织签订实施以基本劳工标准为核心内容的全面协议，开展社会认证活动。2000年7月，世界50家大公司的代表会见安南，表示他们支持"全球契约"，国际雇主组织也表示承诺举办区域研讨会推行"全球契约"。

防治艾滋病

艾滋病已成为广泛流行的传染性疾病，目前，世界上艾滋病患者或艾滋病毒携带者有大约4000万人，殃及6000多万人，而且还在以每年增加530万名新患者的速度蔓延，成为世界上第四大死亡原因。

世界卫生组织于1988年1月在英国伦敦召开100多个国家卫生部长参加的高级会议，会议确定每年12月1日为"世界艾滋病日"。

联合国进行防治艾滋病的工作主要是通过有关专门机构——联合国艾滋病毒/艾滋病联合规划署（简称艾滋病规划署）开展的。艾滋病规划署汇集了联合国8个机构和方案的专门知识，是全球艾滋病防治行动的主要倡导者，主要职能为：

领导、加强和支持对HIV和艾滋病的积极对抗，包括预防HIV的传播、对感染病毒的人群提供支持和照顾、降低HIV对个人和社群的感染性，以及减轻病症对社会及个人的影响；

倡导研究，调动私营部门的支持，鼓励政府与制药行业之间建立伙伴关系；

呼吁大制药公司作出相关的努力。这些公司已答应向发展中国家提供价格更为适中和优惠的艾滋病毒和艾滋病的治疗药品与护理。

2001年6月，在大会艾滋病问题特别会议上，世界各国领导人承诺为全球防治艾滋病毒和艾滋病的工作持续提供充足的资源，力求取得成果。除针对这一疾病的全面"战斗计划"外，大会还支持建立一个全球艾滋病毒和艾滋病的保健基金，资助结合预防、护理、支助、治疗等手段扩大艾滋病防治工作。该基金于2002年1月开始运作，来自各国政府和私人渠道的初步认捐款共计20亿美元。联合国还支持在155个国家开展与艾滋病有关的活动。

目前加强艾滋病预防工作至少应从6个方面入手：第一是防止携带艾滋病病毒的孕妇将病毒传染给胎儿；第二是加强年轻人的艾滋病教育，因为目前在全球15岁至24岁的青少年中，只有约33%的男性和20%的女性知道如何预防艾滋病；第三是制止艾滋病的婚内传播，尤其是要加强对婚姻关系中处于弱势地位的低龄妻子的保护。第四是制止与艾滋病有关的性别歧视和暴力，使更多的女性能得到艾滋病检测和相关服务；第五是大力推广和加强避孕套的使用，因为目前全球公共机构每年向每个成年男子提供的避孕套平均只有两个；第六是向携带艾滋病病毒的女性和男性提供生殖健康方面的咨询和服务。

管制麻醉品

　　毒品、恐怖活动、环境污染并列为世界三大公害。毒品产地遍布全球：亚洲有缅甸、泰国、老挝三国边境交界处的"金三角"和横跨巴基斯坦、阿富汗和伊朗的"金新月"；往西有非洲的"黑三角"和南美洲的"白三角"。

　　毒品不仅严重摧残人类的健康和文明，而且还派生出暴力、凶杀、卖淫等犯罪活动。在美国和意大利等国，1/3的犯罪行为与毒品有关。联合国估计，20世纪90年代，美国每年因吸毒而死亡的约50万人。

　　进入新世纪，贩毒活动有增无减。全球化加剧了非法毒品问题的复杂性，任何一个国家或组织都难以独立解决。为此，联合国通过多种途径帮助各国打击非法毒品：

　　（1）联合国麻醉药品委员会是处理与毒品有关的所有事务的主要政府间决策机构，负责分析世界上滥用毒品、贩运毒品的问题，就加强国际药物监管提出建议。

　　（2）国际麻醉品管制局负责监督各国政府遵守国际药物监管条约的情况，向各国提供帮助，并努力限制用于医疗和科研的药物的供应，从而防止这些药物落入非法渠道，打击非法贩运活动。

（3）联合国国际药物管制规划署领导打击非法药物的全球斗争。该署致力于加强国际行动，打击毒品生产、贩运和包括洗钱在内的有关犯罪，支持作物监测，帮助种植毒品作物的农民改种其他作物。该署除提供精确的统计数据外，还帮助起草打击毒品的法律及培训司法官员。

1987年6月，联合国在维也纳召开了关于麻醉品滥用和非法贩运问题的部长级会议，提出"爱生命、不吸毒"的口号。各国代表一致同意将每年的6月26日定为"国际禁毒日"，以引起世界各国对毒品问题的重视。

1990年2月，在纽约召开的联合国禁毒特别会议上通过了《政治宣言》和《全球行动纲领》，宣布将1991—2000年定为"国际禁毒十年"，要求各国立即开展有效而持续的禁毒斗争，以促进《全球行动纲领》的实施。1998年6月联合国召开第20次特别联大，专门审议世界毒品问题。各国承诺共同努力，减少违禁药物的生产和消费。同时加强国际司法合作、控制兴奋剂、减少毒品需求、打击洗钱、铲除非法毒品作物，为全世界建立一个"无毒品世界"制定了跨世纪战略。

在减少生产方面，联合国和有关国家的政府合作，将人口迁离毒品生产区，铲除罂粟，向毒品生产区的人民提供替代作物，使他们可以通过正当的农业生产维持生计。位于缅甸、泰国及老挝三地交界的"金三角"曾是全球最大毒品交易集中地，但近年多国联手扫毒，使该区的鸦片产量急剧下降，昔日的罂粟花海目前已变成玉米田。2006年的联合国报告显示，"金三角"地区的鸦片种植面积约24160公顷，鸦片产量约337吨，比2005年下降

16%。

　　国际社会要求禁毒的呼声不断高涨，各国政府和人民都已行动起来，声势浩大的禁毒斗争正在全世界范围内进行。

　　尽管全球在毒品管制方面取得了许多进展，但近来出现的鸦片和古柯种植增加、主要贩毒路线出现系统性转移等令人不安的趋势有可能给毒品管制增添障碍。禁毒工作任重道远。

人道主义救援行动

第二次世界大战后，联合国首次在欧洲协调人道主义救济行动。自那以来，国际社会依赖联合国对各国当局无力应对的自然灾害和人为灾害做出反应。如今，联合国是紧急救济和长期援助的主要提供者，推动各国政府和救济机构采取行动，担当突遇紧急情况的人们的代言人。

当自然灾害和相关紧急事件发生，联合国整合动员援助受灾人口。在与红十字、红新月以及主要援助机构和捐助人的密切合作下，联合国相关机构提供必需的人道主义援助。每天都向战争、政治冲突、洪水、旱灾和作物歉收等天灾人祸的千百万受害者紧急提供救灾物资：通过世界粮食计划署提供粮食；通过联合国难民事务高级专员办事处提供住所和保护；通过联合国儿童基金会为母亲和儿童提供救济；通过世界卫生组织防治伊波拉病毒热等流行病；通过联合国开发计划署进行长期发展活动。

联合国可望每年增加20亿美元的紧急援助。在2004年12月26日印度洋发生海啸后不到24小时，联合国灾害评估和协调待命小组已经到达灾区最前线，在半年内就向170多万人发放了食物，为110多万无家可归者提供庇护，向100万人提供饮用水以及帮助

120万儿童接种麻疹疫苗。

2008年5月初，缅甸遭遇百年不遇的强热带风暴袭击。数天后，中国四川汶川发生自1976年以来最为严重的地震灾害。两场突如其来的灾难造成了重大人员和财产损失。

灾难发生后，联合国迅速派出救援人员前往灾区救灾和发放紧急救灾款项，并向国际社会发出援助呼吁。在联合国协助下，来自国际社会的救援人员和物资源源不断运入灾区，为妥善安置灾民和筹备灾后重建发挥了重要作用。

联合国人道主义事务协调厅在紧急救济协调员领导下，负责协调联合国的所有紧急救济工作。一个机构间常设委员会把联合国人道主义机构和主要的非联合国救济组织汇聚起来，对全球反应进行协调。

粮食短缺和粮价飞涨也是当今世界面临的重大危机之一。为解决全球8300万饥民的燃眉之急，联合国从国际社会紧急筹集7.5亿美元，用于资助世界粮食计划署的援助项目。

世界粮食计划署作为世界上最大的人道主义机构，在过去40年，粮食计划署在全球最贫穷的国家投资了335亿美元，向近14亿人提供了7.83亿吨食品。

联合国主持召开世界粮食会议，制订应对粮食危机的中长期策略。联合国秘书长潘基文成立全球粮食危机工作组，深入研究危机发生的根源和解决办法，为国际社会采取协调一致的行动提出建议。

联合国所有人道主义救济都是通过自愿捐款提供经费的。

人 权

　　充分享受人权是全世界人民共同向往的美好理想，但理想并不等于现实。各国人民在争取人权、促进人权方面面临着许许多多的困难。冷战时期，人权成了东西方斗争的政治工具。联合国促进和保护人权的努力受到严重的干扰。冷战结束，联合国人权领域的活动能否消除意识形态色彩？人权理事会代替了人权委员会，是踏上新的改革路，还是旧瓶装新酒？

联合国为保护人权
所做的工作

　　联合国在创建时就把尊重和保护人权作为其宗旨之一。《联合国宪章》中的许多条款都提到了应尊重和保护人权。人权条款载入《联合国宪章》不仅开辟了世界普遍重视人权的新篇章，也使人权事务成为联合国机构开展活动的一项不可缺少的内容，同时也标志着人权问题全面进入国际法领域，为人权的国际保护开拓了道路。

　　60多年来，联合国为实现普遍人权做了大量卓有成效的工作，并取得了举世瞩目的成就。主要有：

　　（1）不断丰富和发展人权概念。人权是一个历史的概念，因此它必然也是一个发展的概念，它的内涵随着社会的进步不断拓展。联合国成员国的增加，给人权事业的发展不断地注入新的活力，也不断把实现普遍人权的目标推向新的高度。

　　（2）建立较为完整的人权保护条约体系。自1948年到现在，联合国方面制定和通过了80多个有关人权的文书，包括公约、宣言、议定书、原则、规则、章程等不同形式的文件，其所覆盖的人权保护内容之多、范围之广，都是前所未有的，在世界范围内形成了一个较为全面、完整的人权保护条约体系，成为国际法的主要内容。联合国通过的有关条约主要有：《消除一切形式种族歧视国际公约》、《公民及政治权利国际公约》、《消除对妇女一切形式歧视公约》、《禁止酷刑和其他残忍、不人道或有辱人格的待遇或处罚公约》、《儿童权利公约》、《保护所有移徙工人及其家庭成员权利国际公约》等。

（3）不断健全人权机构。目前，联合国系统内设立了各种人权机构，几乎所有的联合国机构和专门机构开展的工作都在一定程度上涉及人权保护问题，已形成一个较为齐全、完整的人权保护机制。同时，联合国还在各个区域成立人权机构，并不断推动国家人权机构的成立。

（4）设立人权事务高级专员。人权高级专员办公室在加强和协调联合国的人权工作、促进人权合作、推动人权教育等方面做出了积极的贡献。

（5）积极开展人权教育。联合国重视对《世界人权宣言》的宣传和人权知识的普及。1950年联大决定，将每年的12月10日《世界人权宣言》通过的这一天确定为"世界人权日"。为纪念《世界人权宣言》通过20周年，联大决定将1968年定为"国际人权年"。1968年，以召开世界人权会议为中心，广泛开展人权宣传。联大还通过决议，建议成员国依照自己的教育制度采取步骤，以鼓励人权宣传和人权教育。进入20世纪70年代，联合国不断地确定与人权有关的"国际年"和"国际十年"。1995年，联合国还发起了"人权教育十年"。人权教育使各国人民了解了自己拥有的不可剥夺的权利，同时各成员国的司法和刑事系统通过联合国培训方案和咨询得到了强化。

《世界人权宣言》的诞生

　　人权委员会于1947年开始起草国际人权宪章的工作，并组成了由人权委员会主席（美国）、副主席（中国）和报告员（黎巴嫩）组成的3人起草委员会。根据前苏联的建议，起草委员会扩大到8人，除安理会5个常任理事国外，加上了黎巴嫩、澳大利亚和智利3个国家。1947年起草委员会举行了第一次会议，但由于会议对文件的形式有很大的争议，最后只好以联合国秘书处和美、英提交的一个草案作为基础，先制定一个人权宣言。起草出来的《世界人权宣言》草案，经人权委员会审议通过后，提交给1948年在巴黎召开的第3届联合国大会讨论。大会召开了81次会议审议这一草案，共收到修正案168条。经过反复修改，联合国大会最终于1948年12月10日以48票赞成，0票反对，8票弃权，正式通过了《世界人权宣言》。为纪念这个日子，联合国大会决定将每年的12月10日定为"世界人权日"。

　　《世界人权宣言》（简称《宣言》）规定了所有人都应享有基本人权和自由，包括公民权利、政治权利以及经济、社会和文化权利。它第一次在国际范围内系统地提出了人权的基本内容和奋斗目标。《宣言》提出，人人生而自由，在尊严和权利上一律平等;人人都有资格享受本《宣言》所载的一切权利和自由,不论其种族、肤色、性别、语言、财产、宗教、政治或其他见解、国籍或其他出身、身份。这些权利和自由可分为公民权利和政治权利以及经济、社会和文化权利两大类。其中,公民权利和政治权利包括:生命权、人身权、不受奴役和酷刑权、人格权、法律面前人人平等权、无罪推定权、财产权、婚姻家庭权、思想良心和宗教自由权、参政权和选举权等等;经济、社会和文化权利包括:工作权、同工同酬权、休息和定期带薪休假权、组织和参加工会权、受教育权、社会保障和享受适当生活水准权、参加文化生活权等等。《宣言》同时规定,每个人都对社会负有义务,个人在行使权利和自由时,应依法尊重他人的权利和自由,并服从道德、公共秩序和普遍福利的需要。

《宣言》不具有法律效力,但它表达了世界人民希望不再有践踏人类生命和尊严之事发生的心愿。它第一次在国际范围内使人权原则具体化,对世界人权事业起到了积极的推动作用。

由于当时国际政治力量对比的原因,《宣言》更多地反映资产阶级自由和民主思想,很少反映广大的发展中国家的思想、观点和要求。2008年是《世界人权宣言》通过60周年,世界各地举行了形式多样的纪念活动。应该说,《世界人权宣言》为全世界普遍重视人权开拓了道路。

罗斯福夫人与
《世界人权宣言》

　　《世界人权宣言》产生过程中的一个关键人物是埃莉诺·罗斯福。

　　埃莉诺是1945年逝世的罗斯福总统的遗孀。她年幼时丧失父母，在祖母的抚养下长大，15岁时远赴英国求学。1903年与罗斯福相识，并于两年后结婚。

　　罗斯福在39岁那年不幸患上脊髓灰质炎，不得不坐上轮椅。罗斯福在埃莉诺的大力支持下坚持投身政治，在他50岁时当上美国总统。埃莉诺在丈夫的鼓励下，学会了速记、打字、开车和演说，结识了许多重要人物，成为罗斯福总统得力的助手。罗斯福病逝后，埃莉诺继续参与政治，被杜鲁门总统亲自任命为人权委员会的美国代表，成为美国第一位驻联合国的高级外交官。

　　1946至1951年，埃莉诺当选为联合国人权委员会主席。在此之前，联合国还没有一部国际性人权法律文件。在埃莉诺的主持下，人权委员会设立起草委员会，开始起草第一部人权国际文件——《世界人权宣言》。埃莉诺亲自担任起草委员会主席，委员包括黎巴嫩的查尔斯·马利克，中国的张彭春，法国的雷诺·卡森以及联合国人权部负责人、加拿大的约翰·汉弗莱等人。

但是起草《世界人权宣言》不是一项轻而易举的任务。《世界人权宣言》开始起草时，冷战已经开始，各种立场严重对立，起草工作举步维艰，会议往往开成马拉松式的辩论。

埃莉诺有着超人的热情、执著和谦逊。传说大诗人白居易写好诗后就先念给老婆婆听，然后再反复修改，直到她们能听懂为止。埃莉诺似乎把自己视为这样的老婆婆。她告诉起草小组的同事们："我常对自己的丈夫说，如果他想说的话能让我听懂，那么全国人民肯定都能听懂。这可能就是我在这个起草委员会的真正价值所在。"实际上，埃莉诺常年伴随罗斯福出入白宫，足迹遍布美国各地，既懂得国际政治的奥妙，又深知民间百姓的疾苦，因此很受其他成员的尊重。

尽管起草《宣言》的两年里充满了起伏跌宕，但是罗斯福夫人以其超人领导能力和工作热情，完成了《世界人权宣言》草案。1948年12月10日，联合国大会通过了《世界人权宣言》。在参加这次会议的58个国家代表中，48个投票赞成，8个弃权，两个缺席。没有人投反对票。

《世界人权宣言》通过后，人权委员会着手起草国际人权两公约，即：《公民权利和政治权利国际公约》和《经济、社会、文化权利国际公约》。

埃莉诺·罗斯福的传记作者之一塔莫拉·哈雷文在《美国的良知》一书中写道，作为人权委员会的主席，这位前第一夫人积极主张对人权作出有力精确的定义，同时她"尽力弥合不同成员国之间的分歧，调解由不同文化产生的观点分歧"。许多研究《世界人权宣言》的学者认为，假如没有埃莉诺·罗斯福的领导，起草和颁布《世界人权宣言》的努力也许不会成功。

联合国对弱势群体的保护

弱势群体，就是在社会上处于弱势的人群，主要指的是妇女、儿童、残疾人、移民工人、难民、少数民族和土著人等。不同时期、不同社会、不同原因会导致特定弱势群体的形成。这些弱势群体往往被排除在主流社会之外，被贫困所困扰。

联合国制定了一系列保护和促进弱势群体人权的法律文书，如《残疾人权利公约》、《儿童权利公约》、《关于保护所有移徙工人及其家属权利的公约》等。联合国各机构监测各国遵守关于保护弱势群体权利的人权公约规定的义务的情况，并追究各国侵犯人权的责任。

联合国是弱势群体的喉舌，为改善他们的困境而努力。联合国召开了一系列关于弱势群体的国际会议。

联合国还发起国际运动，在全球提高人们对影响弱势群体的问题的认识。如：1993年联合国为土著人民发起了世界土著人民国际年和世界土著人民国际十年。秘书长是儿童和武装冲突问题特别代表，是约30万儿童兵的主要代言人。国际劳工组织发起了取缔童工的全球方案，同时，联合国儿童基金会在实施各种项目，以改善街头儿童、童工和身陷冲突局势的儿童的生活。

促进和保护妇女平等权利是联合国的一项重要工作。《联合国宪章》和《世界人权宣言》载明了妇女的平等权利，在法律上确认两性平等是一项基本人权。1966年通过的《经济、社会、文化权利国际公约》和《公民权利和政治权利国际公约》把《世界人权宣言》的原则解释为受法律约束的形式，清楚地宣布所提出的权利适用于任何人，包括不同种族或性别。

联合国先后通过了一系列促进和保护妇女权利的法律文书，创立了在全世界监测妇女权利落实情况的机制。联合国于1979年通过了《消除任何形式的针对妇女的歧视公约》，近170个国家已批准该公约,在法律上承诺确保妇女平等。

联合国设立了不少促进妇女平等权利的机构。联合国妇女地位委员会成立于1946年，每年开会讨论与妇女权利有关的问题，就需要立即注意的各种问题提出建议，并促进维护妇女权利的国际立法。

联合国开发计划署、教科文组织、世界粮食计划署、国际劳工局之类的组织也开展了许多积极的性别项目。

联合国还有两个机构专门处理妇女问题。联合国妇女发展基金资助造福妇女的创新发展活动，特别是资助在发展中国家的农村地区开展的活动。提高妇女地位国际研究训练所利用新的信息技术来帮助提高妇女的地位，帮助她们更好地融进信息社会。

为使妇女权利受到重视，联合国宣布1975年为国际妇女年，1976—1985年为联合国妇女十年。联合国还为全世界妇女提供了一个论坛，以携手促进落实妇女的权利。联合国还召开了四次关于妇女问题的全球大会，其中第四次世界妇女会议于1995年9月在北京举行。

人权问题上的南北之争

在人权问题上，南方国家和北方国家有较大分歧。

首先，人权包含个人人权和集体人权两种形式。个人人权的主体是个人，集体人权的主体是民族和国家等。集体人权与个人人权是辩证统一的关系。首先，任何人权包括集体人权最终都必须体现为个人人权，个人人权若得不到保障，也就谈不上集体人权。其次，集体人权是个人人权得以充分实现的先决条件和必要保障。如果一个国家失去了国家主权，无法自主决定其国家事务和自由谋求其经济、社会和文化的发展，那么这个国家人民的个人人权也就得不到保证。

另外，人权既有普遍性，也有其特殊性。普遍性是指人权的共性，即所有国家和人民都应当努力实现的共同标准。人权的特殊性是指各国家或国家集团之间，由于历史、现实、理想和国际环境的差异，在人权理论和实践中各具特色。

任何只强调人权的普遍性或特殊性都是片面的。既应防止有的国家借人权的特殊性，违反公认的国际人权准则，也要防止不顾每个国家的具体情况，要求所有国家遵行同样的模式。特别要反对以人权的普遍性为借口，干涉他国内政。

在实践中，北方国家也就是发达国家十分强调维护公民权利和政治权利，而南方国家也就是发展中国家则更加关注经济、社会、文化权利。这是由于发达国家的经济社会文化水平发展到一定程度，人们生存的基本权利已得到满足，他们自然强调维护公民权利和政治权利。而发展中国家由于经济社会文化水平还相对落后，它们首先关心的是最基本的生存权利。根据联合国的统计，全球大约有一半人口人均每天不到2美元，他们的生存十分艰难。还有大约10亿人口人均每天不到1美元，处于赤贫状态。所以，发展中国家特别强调经济、社会、文化权利。

另外，北方国家更强调人权的普遍性和共同标准一面，而南方国家更强调本国的实际情况，主张各国根据本国的国情采取适当的促进和保护人权的措施，而不能强求一致，更不能用一国或一部分国家的标准去衡量所有国家。

其实，从全球的情况来看，没有一个国家可以自信地说自己的人权状况是十全十美的。但发达国家往往过分强调公民权利和政治权利，而忽视经济、社会和文化权利，且在人权问题上往往有一种优越感，总以"人权卫士"自居，喜欢对发展中国家指手画脚，这样导致南北方在人权问题上的长期对抗。

南北方在人权领域的分歧不是短期内能够消除的。重要的是各国之间相互尊重，平等对话，取长补短。

人权委员会改革

　　人权委员会成立于1946年2月，是经社理事会的下属机构。在人权委员会建立之初，只有18个成员国，1979年扩大为43个，从1992年第48届会议起，成员增至53个。该委员会成员由经社理事会按地区分配原则选举产生。

　　联合国人权委员会的职责有：根据《联合国宪章》宗旨和原则，在人权领域进行专题研究、提出建议和起草国际人权文书并提交联合国大会；就有关国家的人权问题进行公开或秘密的审议，其中包括调查有关侵犯人权的指控，处理有关侵犯人权的来文，就有关国家的人权局势发表意见并通过决议。

　　60来年，人权委员会为促进和保护人权做了很多的工作。但由于人权委员会存在着严重的政治化和双重标准等现象，导致其出现"信誉危机"，国际社会要求改革人权委员会的呼声很高。联合国大会不顾美国的强烈反对，于2006年3月15日以压倒性多数通过建立人权理事会，取代人权委员会。

　　设立人权理事会最早是由联合国秘书长安南2005年3月21日在纽约召开的联合国大会上正式提出的。安南称，创建人权理事会将赋予人权问题更崇高的地位，符合人权在《联合国宪章》内所占的首要位置。

2006年3月15日，第60届联合国大会以170票赞成、4票反对、3票弃权的表决结果通过建立人权理事会，取代人权委员会。根据决议，人权理事会共有47个席位，是联合国大会的下属机构。其席位将按照公平地域原则分配。人权理事会成员由联大直接投票产生，须得到半数以上联大成员国的支持。在选举理事会成员时，联大应考虑候选国在促进和保护人权方面所做的贡献。理事会成员每届任期3年，最多可连任一次。经2/3成员国同意，联大可中止严重违反人权国家的人权理事会成员国资格。

联合国人权理事会的设立经过了反复的磋商和讨论，虽然最终结果是一个妥协的产物，但它仍然具有积极意义，主要表现在：

首先，联合国人权理事会取代联合国人权委员会，由联合国经社理事会职司委员会升级为大会附属机构，表明人权在联合国系统中的地位得到了进一步的提升。联合国对人权问题重视程度的提高，对于在全世界范围内保护和促进人权将起到积极的推动作用。

其次，设立人权理事会的决议根据公平地域分配原则，重新分配了各地区组的席位，纠正了长期以来亚洲国家在人权委员会代表性不足的问题，将会增强亚洲国家在国际人权领域的影响力，同时发展中国家在人权理事会中的比例也较人权委员有所增加，这有助于增加发展中国家在国际人权领域的发言权。

第三，人权理事会处理各种侵犯人权的情况的职能以及对成员国资格的严格规定将督促理事会成员国和其他成员国不断做出努力，改善自己的人权状况，提高自己的人权水平。

国际法

　　已过甲子之年的联合国，随着成员国的增加，业务不断扩展，关注的问题日益增多。在新的世纪，联合国面临许多旧的和新的挑战，改革势在必行。只有这样，才能不负众望，完成自己的各项使命。

联合国与国际法

联合国的创立者们在制定《联合国宪章》时，把编纂和发展国际法作为联合国工作的一项重要内容。过去60多年来，联合国在编纂国际法方面取得了长足发展。联合国在制定和编纂国际法方面的工作可以说涉及到国际关系的几乎所有领域，在联合国及其他国际机构主持下，共制定了500多项国际公约、条约和标准，涉及海床洋底、外层空间、国际安全、军备控制、经济发展、环境保护、保护人权、司法合作等各个领域。这些国际条约的制定使国际社会在处理上述有关问题时有法可依，有章可循，为建立一个民主化、法制化的世界奠定了基础。联合国制定的这些公约和条约一旦经国际上大多数国家批准，就会产生法律效力，对签约国具有法律上的约束力。

联合国负责编纂和制定国际法方面的最主要机构是国际法委员会。国际法委员会负责就各种国际法主题编写草案，然后将其纳入公约，开放供各国批准。有些公约已成为国家间关系的法律基础，例如有关外交关系的公约或规定如何使用国际水道的公约。

联合国有关机构在各自领域的国际条约起草和谈判相关的公约和条约。在裁军领域、人权领域、社会领域、发展领域，都有相关的机构在从事有关的工作。比如《禁止非法贩运麻醉药品公约》是打击毒品贩运的关键性国际条约。

国际贸易法委员会负责制定有关贸易方面的规则和准则。联合国环境规划署负责制定国际环境法。多年来，联合国环境署主持下制定的协定有《防止荒漠化公约》、《保护臭氧层公约》、《管制有害废物越境转移的公约》和其他公约。

1992年，联合国制定了《联合国气候变化框架公约》的《京都议定书》，于2005年2月16日生效。该议定书要求各工业国家在2008至2012年5年期间把其6种主要温室气体的总排放量降低到1990年的水平以下。

2004年6月，联合国在西班牙文化古都萨拉曼卡举行了一次主题为"联合国在21世纪的作用暨国际法的权威性"研讨会，许多国家的法律专家和学者出席了会议，联合国秘书长安南向会议发去了贺词。他在贺词中表示，希望国际社会在人类发展的过程中选择一条既能够解决当今时代面临的威胁，又能够使国际法得到加强的道路。过去十多年，联合国的领导作用以及国际法的权威性受到一些国家单边行为的挑战，这不但导致单边动武现象增多，也使许多国家人民对联合国维和士兵和文职人员产生敌对情绪。他强调强化国际法的必要性，提出，国际刑事法院负责将违反国际法的人绳之以法。在当今时代，唯有国际社会的集体力量才能消除威胁。

联合国与海洋法

历史上，各国在很长一个时期实行"公海自由航行"原则。国际联盟曾在1930年召开会议讨论制定海洋海问题，但没有形成什么结果。进入20世纪中期以后，各大国为保护海上矿藏、渔场并控制污染、划分责任归属，传统公海概念已不敷使用。

联合国为制定《海洋法公约》，曾举行过3次海洋法会议。第一次是1958年在日内瓦召开的，第二次是1960年，也是在日内瓦召开的。会议通过的4项日内瓦海洋法公约，即《领海和毗邻区公约》、《公害公约》、《公海渔业与生物资源养护公约》和《大陆架公约》。由于当时历史条件所限，参加会议的国家中，亚洲、非洲和拉丁美洲的发展中国家数量不多。因此，发展中国家，特别是沿海国家的海洋权益及要求没有得到充分的反映。

进入20世纪70年代，联合国又召开了第三次海洋海会议。这次会议从1973年12月开始，先后开了十几次会议，直至1982年才结束。这次会议通过了《海洋法公约》。第三次海洋法会议是一次所有主权国家参加的全权外交代表会议，一共有168个国家或组织参加了会议。这是迄今为止联合国召开时间最长、规模最大的国际立法会议。

《海洋法公约》（简称《公约》）是一部全面管理海洋的国际法典。它是当代国际海洋法发展史上最重要的法律文件之一，其内容涉及海洋事务的各个方面，对国家在各海洋空间的权利和义务进行了全面、明确的规范，被誉为"海洋宪章"。它是国际海洋法发展史上的里程碑，也是迄今最广泛、最全面、最有影响的管理海洋的国际公约，已经并将继续对国际经济和社会的发展产生重大作用。自1982年《公约》制定通过，特别是1994年正式生效以来，它已经成为现代海洋法的主要渊源和权威文件，对世界海洋事务的发展产生了重要影响，有力地推动了国际海洋新秩序的建立。

《公约》共分17部分，连同9个附件共有446条。主要内容包括：领海、毗邻区、专属经济区、大陆架、用于国际航行的海峡、群岛国、岛屿制度、闭海或半闭海、内陆国出入海洋的权益和过境自由、国际海底以及海洋科学研究、海洋环境保护与安全、海洋技术的发展和转让等等。

《公约》对旧的海洋法制度作了修改和完善。如对领海宽度的确定和对大陆架边缘的界定等。《公约》还确立了一些新的制度，如群岛水域、专属经济区、国际海底等等。《公约》是国际间多种势力相妥协的产物，难免存在一些不足之处，但总体而言，仍不失为迄今为止最全面、最综合的管理海洋的国际公约。第三次海洋法会议召开之际，恰值中国恢复在联合国的合法地位之后不久，中国与广大发展中国家一道，积极参与了《公约》的制定工作，为《公约》的产生做出了积极贡献。这项《公约》于1982年12月在牙买加开放签字，中国是首批签字的国家之一，并于1996年5月15日批准该《公约》。

联合国与打击恐怖主义

恐怖主义自20世纪90年代始愈演愈烈，进入新世纪更有泛滥成灾之势，也成为联合国议事日程的优先项。那么联合国是如何打击恐怖主义的呢？道德阵地、法律框架、行动机构是联合国打击恐怖主义的三件武器。

道德阵地

1972年8月，震惊世界的慕尼黑惨案发生。应联合国秘书长的请求，"消除恐怖主义"被列入当年召开的第27届联大议事日程。1995年起，联大开始每年审议恐怖主义问题，并且通过《消除国际恐怖主义的措施》的决议，要求各国采取措施反对恐怖主义。近些年来，每当恐怖事件发生，联合国都会通过声明或决议等形式谴责恐怖行径。

2005年9月，联合国召开世界首脑会议。所有成员国在会议一致通过的成果文件"强烈谴责所有形式和表现的恐怖主义，无论由何人所为、在何地发生、其目的为何，因为恐怖主义是对国际和平与安全的最严重威胁之一"。

制定法律框架

早在联合国成立之前，国际联盟曾于1937年通过了一份防止和惩罚恐怖主义的公约，但因为第二次世界大战的爆发而没有实行。

联合国在制定国际反恐文书和构建国际反恐法律框架上取得了显著成果。联合国大会、联合国专门机构以及国际民航组织等先后制定了《关于在航空器内的犯罪和犯有某些其他行为的公约》等打击恐怖主义的国际法律文书，建立起一个国际法律框架。

安理会自1996年开始审议恐怖主义问题，并通过了一系列决议，成为各成员国打击恐怖主义的另一重要法律依据。

联合国秘书长经常应联合国大会和安理会的要求，调查和报告打击恐怖主义的最新进展。联合国大会还采取通过《联合国全球反恐战略》及其附属的《行动计划》的办法来指导国际社会打击恐怖主义的工作。

行动机构

联合国大会的法律委员会是每届联大讨论和审议消除恐怖主义问题的机构。自1996年第51届联大开始，设立了一个特设委员会，起草《关于国际恐怖主义的全面公约》等一系列法律文件。

安理会也先后设立了制裁基地组织和塔利班委员会、反恐委员会、防止和制止核生化武器扩散委员会，2004年，安理会又设立了反恐怖主义委员会执行局。

反恐行动涉及范围非常广泛，如反洗钱、防止武器扩散、保护核材料、预防生化袭击、打击海上航空器上的犯罪等，需要参与的组织和机构非常多，甚至包括联合国系统之外的一些机构，如国际刑警组织。为了便于协调，联合国秘书长于2005年7月建立了反恐怖主义工作队，成员包括联合国秘书处相关部门、安理会有关机构、联合国系统专门机构以及联合国系统之外的机构。

2001年"9·11"恐怖袭击事件后，安理会通过了一项范围广泛的反恐怖主义决议，把向恐怖主义提供资助、筹集资金等行为定为刑事犯罪。安理会呼吁各国加紧交流关于恐怖分子行动的情报，并决定各国应在有关恐怖主义行为的刑事调查或司法程序中互相给予最大程度的协助。

联合国与反腐败

　　腐败问题不仅是一项严重危害各国经济发展和社会稳定的犯罪，也越来越成为一项国际上人人喊打的罪行，各国和一些区域组织先期制定了一些法律和区域文书，如拉美国家制定了《美洲国家反腐败公约》，欧洲制定了《打击欧洲共同体官员或欧洲联盟成员国官员贪污腐败公约》、《反腐败民法公约》、《反腐败刑法公约》，经济合作与发展组织制定了《禁止在国际商业交易中贿赂外国公职人员公约》。但上述公约只是区域性的。因此，联合国于2000年12月宣布成立《联合国反腐败公约》特设委员会，负责起草反腐败国际法律文件。委员会成立后，先后举行了7届会议，并于2003年10月就《联合国反腐败公约》草案达成了一致。同年10月31日，第58届联合国大会全体会议审议通过了《联合国反腐败公约》（简称《公约》），并于12月在墨西哥举行联合国国际反腐败高级别政治会议，将《公约》开放供各国签署。

　　《公约》于2005年12月14日正式生效。这是联合国历史上通过的第一个用于指导国际反腐败的法律文件。《公约》包括总则、预防措施、定罪、制裁、救济及执法、国际合作、资产的追回、技术援助和信息交流、实施机制以及最后条款，涉及立法、司法、行政执法以及国家政策和社会舆论等方面，是一个重要、全面、综合性的反腐败国际法律文书。对预防腐败、界定腐败犯罪、反腐败国际合作、非法资产追缴等问题进行了法律上的规范，对各国加强国内的反腐行动、提高反腐成效、促进反腐国际合作具有重要意义。

《公约》界定了腐败、公职人员的概念，还规定了挪用或转用犯罪、财产非法增加罪、贿赂外国官员和国际组织官员行为的定罪。对缔约国在引渡方面的合作、被非法转移国外资产的追回机制、被追缴资产的返还或处置等也作了规定。《公约》为世界各国政府执行对各种腐败行为的定罪、惩处、责任追究、预防、国际法律合作、资产追回以及履约监督机制提供了法律依据。

《公约》确立了打击腐败的措施，奠定了各国就打击腐败犯罪开展国际合作的多边法律基础，在预防性措施、刑事定罪、引渡合作等方面形成了一套完整的制度，特别是在腐败资金的返还问题上，开创了一种新的合作模式，第一次在国际法律文书中确立了"被贪污的公款必须返还"的原则。

2006年12月，《公约》在约旦召开了第一次缔约国会议，重点讨论如何加强国际合作打击腐败、追回流失资产以及预防和惩治腐败的技术手段等问题，并共同商讨如何将反腐败公约落实到行动上。2008年1月，《公约》第二次缔约国会议在印度尼西亚巴厘岛举行。来自世界100多个国家、联合国下属机构和其他国际组织以及多个非政府组织的1000多名代表出席了会议。中国派团参加了会议。

截至2006年，已有140个国家签署了这一《公约》。2003年12月10日，中国在《公约》上签字。2005年10月27日，全国人大常委会批准加入《公约》。

联合国与打击跨国犯罪

近年来，随着全球化的发展，制贩毒品、走私、贩卖人口、洗钱、恐怖主义等有组织的跨国犯罪活动日益猖獗，严重危害各国经济发展和社会秩序，给地区稳定甚至世界和平带来挑战。加强国际合作，预防和打击跨国有组织犯罪，不仅是国际社会共同的需要，也是各国共同的责任，为打击跨国犯罪，1998年，第53届联合国大会通过决议，决定设立特设委员会起草《联合国打击跨国有组织犯罪公约（简称《公约》）。特委会经过两年谈判完成了《公约》的起草并提交联合国大会通过。2000年11月，第55届联合国大会通过了《公约》，2000年12月12日在意大利召开外交代表会议，将《公约》开放供各国签署。这项《公约》是联合国近来在刑事司法领域制定的重要国际法律文书，旨在加强国际合作与交流，促进更有效地预防和打击跨国有组织犯罪。在联合国过去20年的历史中，国际公约大多是在联合国大会上通过和签署的，专门召开外交会议签署一项公约并不多见，反映了有关国家对《公约》的重视。意大利政府作为东道国，特意选择了西西里首府巴勒莫这个意大利南方黑手党最活跃的地方为会址，动用了大量警察和军队，为每个代表团的团长提供军警保护的专车，就是为了在国际国内展示其打击跨国有组织犯罪的决心。

《公约》列举了四类刑事犯罪行为，即参加有组织犯罪集团、洗钱、腐败和妨碍司法，要求缔约国采取必要的立法和其他措施，对其进行相应的刑事法律制裁。但同时不会只限于这四类活动，只是把这四类比较突出的罪行列出来，为各国打击其他的有组织跨国犯罪提供框架。《公约》于2003年生效以来，缔约国已达146个。它为各国携手打击跨国犯罪提供了平台，促进了各国在打击跨国犯罪领域的交流与合作,对推动各国以及国际社会和谐发展发挥了重要作用。《公约》生效以后，先后几次举行缔约国会议，审议各国履约情况，讨论国际司法合作、技术援助等问题。

国际合作是履行打击跨国犯罪公约的重点和优先事项，也是各缔约国履约的中心任务。为有效地遏制跨国犯罪，各国需要超越政治制度、法律传统和意识形态差异，在相互尊重主权和平等互利的基础上，通过各种渠道开展对话，增进共识，增强合作。

中国政府一贯重视打击跨国有组织犯罪的工作，并积极主张通过国际合作达到这一目标。中国全国人大常委会已经批准《联合国打击跨国有组织犯罪公约》，使我国成为该《公约》的147个签署国之一。这对于我国在全球范围内打击腐败行为，以及寻求外国政府的司法协助，奠定了法律基础。中国派团参加了《公约》的历次缔约国大会，并积极参加会议有关工作。

国际刑事法院

　　国际刑事法院是根据联合国 1998 年外交全权代表通过的《国际刑事法院规约》设立的。该法院于 2002 年 7 月 1 日在荷兰海牙正式成立，是世界上第一个常设国际刑事司法机构。

　　前南斯拉夫国际刑事法庭和卢旺达国际刑事法庭均为联合国为惩治个别国家战争期间严重罪行建立的特别法庭，是联合国的司法附属机构，不具有普遍性和永久性，它们在时间、地域上都有严格的限制。为完善国际司法实践，联合国于 1998 年 7 月 17 日召开外交全权代表会议，以 120 票赞成，7 票反对，21 票弃权的无记名投票通过了《国际刑事法院规约》（《罗马规约》），为建立普遍性的国际刑事机构奠定法律基础。

　　截至 2008 年 6 月 1 日，共有 108 个国家签署并批准了《罗马规约》，其中非洲国家 30 个，亚洲国家 14 个，东欧国家 16 个，拉美和加勒比地区国家 23 个，西欧和其他地区国家 25 个。但是，联合国安理会常任理事国中的中国、美国、俄罗斯迄今为止均未批准该规约。

　　国际刑事法院于 2002 年 7 月 1 日正式成立，院址设在荷兰海牙。法院共有 18 位法官，设有 1 个检察官办事处、1 个预审庭、1

个审判庭和1个上诉庭。法官由缔约国提名，经缔约国大会选举产生，任期9年。不能有两位法官来自同一个国家。法院判处的最高刑罚是无期徒刑。工作语言为英语和法语。国际刑事法院是独立于联合国的司法机构，但通过与联合国缔结关系协定取得了在联合国大会的观察员地位。

国际刑事法院的管辖权限于整个国际社会关注的最严重罪行，主要包括：灭绝种族罪、危害人类罪、战争罪和侵略罪。《罗马规约》分别对前三种罪行进行定义，但并未对侵略罪进行界定。根据罪行法定原则的要求，法院仅对成立后发生的罪行进行管辖，对2002年7月1日之前发生的罪行无权管辖。法院仅对个人犯下的罪行追究刑事责任，而不追究国家责任。

法院的运作遵循"辅助性原则"，即只有对案件具有管辖权的国家不愿意或不能够切实进行调查或起诉时，法院才能采取行动。法院对犯罪行使管辖权主要通过三种途径：缔约国提交情势；联合国安理会向检察官提交情势；检察官主动开始调查。

二战后的纽伦堡和东京法庭目的在于惩处世界大战的元凶，前南国际刑庭和卢旺达国际刑庭则旨在代表国际社会惩处两个特定国家的内战罪犯，而国际刑事法院在历史基础上，成为第一个常设性国际司法机构，对个人严重国际犯罪行使普遍性管辖权。

联合国的独特作用

联合国是世界上成员最多、代表性最为广泛的国际政府间组织，联合国已经成为处理各种国际问题的核心，它在世界人民心目中的威望及合法性是任何国家无法取代的。

根据《联合国宪章》的规定，安理会是唯一有权采取武力行动的机构。联合国迄今实施了60多次国际维和行动，绝大多数成功阻止了地区冲突的蔓延和扩大。60年来，世界没有发生两次世界大战那样规模的战争，联合国发挥了积极作用。

冷战结束后，联合国在安全方面的权威受到一定程序的挑战，特别是以美国为首的联军在伊拉克的战争，对联合国和国际法的权威是一个极大的考验。但是，战争的结果充分证明，离开联合国，没有安理会的授权，战争缺乏合法性，没有联合国的参与，所谓的民主选举就难以为国际社会所认可，没有国际社会的支持，战后重建面临重重困难，动荡久久无法平息。单纯依靠武力作后盾，希望通过战争手段实现自己的战略目的可以成功一时，但是不可能取得最后的成功。因为依靠强大的军事力量可以占领一个国家，但不能占领一个民族的心灵，更不能征服一国人民的意志。

在促进世界经济、社会、文化发展和交流方面，联合国也发挥着不可或缺的作用。联合国在消除贫困、解决难民问题、保护环境和资源、保护妇女儿童权利、消除种族歧视、推动全球合作、打击毒品走私等方面做出了重要贡献。随着全球化的深入发展，各国之间相互依存的关系不断密切，全球性威胁和挑战呈现多元化特点，这些都需要在联合国的协调和组织下共同应对，任何一个国家或一部分国家都无法单独应对。

联合国在编纂国际法方面的作用也是其他国家和国际组织所无法取代的。《联合国宪章》是联合国创始会员国共同制定、所有成员国承诺共同遵守的行为准则。《联合国宪章》规定的各成员国主权平等、和平解决争端、不使用武力或以武力相威胁、互不干涉内政等原则，至今没有人能够公开否认。这些原则对于维护各国的主权和国际和平与安全，通过对话增强信任，通过交流推动合作，以集体行动应对威胁和挑战发挥着十分积极有效的作用。

在联合国及其他国际机构主持下，已经制定了几百个国际条约，几乎涉及国际关系的各个领域。这些国际条约的制定使国际社会在处理上述有关问题时有法可依，有章可循，为建立一个民主化、法制化的世界奠定了基础。

联合国面临的挑战

联合国是由主权国家组成的国际组织，它的决定需要大多数成员国共同接受才能作出。由于成员国众多，有时就某一项问题达不成一致，联合国就难以采取迅速有效的行动。

安理会虽然只有15个成员国，但有时达成一致也是十分困难的。比如在卢旺达问题上，当年如果安理会能够迅速达成一致，及时增派维和部队，本可以制止那场大屠杀，拯救100多万无辜的性命。

除此以外，联合国也面临其他一些制约，如缺乏强有力的执法能力。联合国制定了许多公约、条约、规约，但与一个主权国家情形不同的是，当国际上出现违反国际法的行为时，联合国有时难以采取强制性措施。尽管联合国一直在这方面进行努力，设立了国际刑事法院，还就前南斯拉夫问题和卢旺达问题设立了前南国际刑事法庭和卢旺达国际刑事法庭，但这些只是对一些弱小国家有效，对大国就难以问罪。如2003年美国绕开联合国，出兵伊拉克，联合国既无法阻止，也无法将对这种无视联合国、奉行单边主义的国家绳之以法。

联合国秘书处是世界上最庞大的行政机构，多年来，联合国设立的机构越来越多，机构臃肿、效率低下的情况日益严重。这既对联合国的效率产生影响，也从一个方面损害了联合国的声誉。

冷战的结束为联合国恢复活力创造了条件，同时，联合国也面临诸多新的挑战。这些挑战来源于众多方面，有大自然引发的灾害，诸如海啸、地震、飓风、大规模传染性疾病流行等，也有些挑战来自于人为因素，如金融危机、恐怖主义等。还有的挑战是两种因素共同作用的结果。能源的短缺，既是由于石化能源的不可再生性所致，也部分归因于人类过度开发。而臭氧层的破坏，一方面是由于地球承载能力的有限性，另一方面与人类的活动有着密不可分的关系。而在众多的挑战当中，最大的挑战莫过于来自单边主义。

单边主义在国际事务中只谋求一国的自身利益，不接受国际组织或者国际条约的制约，采取单方面外交行动或措施。单边主义倾向受到世界许多国家的批评。联合国秘书长安南在第58届联大一般性辩论开始时发表讲话说，单边主义对联合国提出了重大挑战。安南认为，仅谴责单边主义还不够，必须证明国际社会将会通过集体行动解除某些国家采取单边行动的担忧。

多边主义才是解决全球性问题的唯一选择。

联合国改革

　　自联合国成立以来，成员国已经成倍的增加，联合国的业务不断扩展，关心的问题日益增多，联合国秘书处的工作人员也从成立初期的1500人扩展到现在的5万人。联合国因之产生了机构臃肿、效率低下、人浮于事、铺张浪费等现象。伊拉克战争使联合国面临严峻的危机，联合国改革势在必行。

　　时任秘书长安南认为，通过改革，应该确保联合国多边政府组织的性质，在处理地区和全球热点问题中发挥主导作用；正确运用安理会集体安全机制，有效应付由恐怖主义、大规模杀伤性武器扩散所带来的威胁；使联合国在可持续发展，特别是帮助特别不发达国家脱贫方面发挥有力作用；使联合国在应对环境、贩毒、人口买卖、妇女平等、儿童健康、艾滋病等诸多社会问题方面有行动能力。

　　为推动联合国改革，安南于2003年11月设立了一个名人小组，成员包括来自安理会5个常任理事国的政坛要人、资深外交家、有关国际机构和地区组织的前领导人。2004年12月，名人小组经过近一年的讨论，起草了一份长达73页的改革建议报告。安南在名人小组报告的基础上就联合国改革等提出一系列建议，涉及集体安全问题、使用武力问题、反恐问题、发展问题、人权问题、扩大安理会问题和秘书处改革问题。

安理会改革是联合国改革的核心问题之一。联合国成立时，安理会由11个成员组成，采取的是5+6的形式，即5个常任理事国加上6个非常任理事国。20世纪60年代，大批新独立国家加入联合国，1965年，联大决定将安理会成员扩大到15个，成为今天的5+10形式。

冷战后，国际格局也发生了巨大变化，扩大安理会成员问题再度提到联合国的议事日程上。1992年，不结盟运动雅加达会议明确提出安理会改革的要求。此后，联大设立了一个工作组，审查关于安理会改革问题的各项建议。工作组建议，安理会新增9个席位，其中5个为常任理事国，新常任理事国在当选初期没有否决权。由于美国强烈反对，上述方案没有在联大付诸表决。

关于安理会扩大成员问题，日本、巴西、印度和南非组成四国联盟，要求成为安理会常任理事国。四国集团的争取常任理事国努力在联合国内掀起一场白热化的外交战。许多国家组成"团结谋共识"运动，要求安理会保持现有模式，不增加半常任或无否决权的常任理事国，以免在联合国成员国中造成新的歧视。非洲联盟亦提出提案，就增加非洲在安理会的代表性问题表示了坚定的态度。经过磋商，各方分歧依旧，联大60届首脑会议通过的成果文件中没有就扩大安理会问题作出具体决定。

安理会的改革并不是联合国改革的全部，改革还包括：改革联合国人权机制，用一个更强有力的人权理事会代替目前的人权委员会。加强联合国在全球范围内的维和能力。安南希望通过改革，联合国能够拥有一支训练更有素，纪律更严明，反应更快速的维和部队。改革原有的经社理事会，把发展作为这一理事会的主要任务，实现2015年底之前使全球挨饿人口减半的目标。安南还打算向联合国总部的官僚作风和臃肿的机构开刀。

联合国改革是一项庞大的工程，尽管迄今为止提出的改革方案多种多样，人们对联合国作用的评价及对联合国的期盼也不同，但世界各国政府大多赞成积极发挥联合国的作用，希望联合国具有更广泛的代表性、更民主，也更有效。

但联合国改革涉及面广，且事关各国切身利益，不可避免会面临重重困难和阻力，联合国改革将是一个长期和渐进的过程。

中国与联合国

自联合国成立，就有许多中国人作为国际公务员参加联合国的工作。随着中国国际地位的提高和中国缴纳会费的增长，中国在联合国任职的国际职员不断增加，但比例仍偏低，特别是高级决策层的代表性明显不足。中国在联合国中的作用越来越大，对维护世界和平和促进社会发展做出了巨大的贡献。

中国恢复联合国合法席位的胜利

1971年10月25日是中国外交史上值得纪念的日子。这一天，第26届联大以压倒性多数通过了第2758号决议，决定恢复中华人民共和国在联合国的一切合法权利，并立即把台湾国民党集团的代表从联合国的一切机构中驱逐出去。决议公正彻底地解决了中国在联合国的代表权问题，这不仅是中国外交的胜利，也成为国际关系史上的重要事件而载入史册。

中国是联合国创始会员国之一，为联合国的成立做出了积极的贡献。新中国成立后，联合国的合法席位理应由中国的唯一合法代表中华人民共和国政府所享有。但以美国为首的西方国家从冷战思维和意识形态出发执行反华政策，企图在外交上孤立新中国。为此，美国不断在新中国的联合国代表权问题上无理阻挠，使得新中国长期被排斥在联合国的大门之外，严重影响了中国与联合国的全面合作。

为争取在联合国的合法正当权利，中国政府和人民进行了长期不懈的努力。周恩来总理多次致电联合国秘书长和联大主席，指出中华人民共和国政府是代表中国人民的唯一合法政府，要求把已经根本不能代表中国的国民党集团代表驱逐出联合国。中国的正义呼声在国际上得到了越来越多的支持，而美国无理阻挠的做法却日益不得人心。20世纪60年代以来，在民族解放运动蓬勃兴起的背景下，一大批亚非国家获得独立，第三世界在联合国中的力量不断增强。中国与这些国家开展了友好合作，并积极争取他们的支持。广大发展中国家视中国为真诚的朋友，理解中国的正义主张。虽然美国仍百般阻挠，但在联大赞成恢复中国代表权的国家不断增多，力量的天平开始发生有利于中国的变化。与此同时，西方阵营内部也出现了分化。1964年中法建交，标志着中国在与西方大国关系正常化方面取得重大突破，严重动摇了美国孤立和遏制中国的政策。历经多年的努力和斗争，中国恢复联合国合法席位的时机开始成熟。

在第26届联大上，中国的代表权问题再次成为各方辩论的焦点，先后有80多个国家代表发言。许多发展中国家代表批评美国的政策，反对在联合国制造"两个中国"。在表决过程中，大会以76票赞成、35票反对、17票弃权的结果通过了由阿尔巴尼亚、阿尔及利亚等23国提出的关于恢复中华人民共和国在联合国一切合法权利的议案。表决结果公布后，会场上气氛热烈，欢呼声和掌声经久不息。联合国秘书长吴丹随即致电周恩来总理，欢迎中国正式派遣代表团出席第26届联合国大会。

中国恢复在联合国的合法席位是大势所趋，人心所向。联大第2758号决议是中国和广大伸张正义国家的胜利，同时也标志着西方孤立中国政策的彻底失败。

中国与联合国
合作关系的发展

中国与联合国合作关系的发展经历了一个不断扩大和深化的过程，这不仅体现出中国外交政策的转变，也从一个侧面反映了国际形势的发展趋势。

中国与联合国的合作历程大体可以分为三个阶段。

第一阶段是从1971年恢复在联合国合法席位到70年代末。由于此前长期没有与联合国直接接触，对联合国方程上的许多问题无论从实质还是从程序方面都缺乏了解，所以中国在联大等场合一般只发表原则性看法，对各领域活动参与不多。

第二阶段从20世纪80年代开始，在改革开放方针指引下，中国外交战略作出重大调整。为进一步走向世界，中国日益重视在联合国开展多边外交，开始在各个领域全面参加联合国的各项工作，同时积极支持联合国在国际上发挥作用。

冷战结束后，中国与联合国的合作进入第三个发展阶段。在多极化与全球化深入发展的趋势下，联合国担当起了越来越重要的角色。中国广泛参与到联合国的维和、发展、人权、裁军和环保等各领域中，并发挥了积极的建设性作用。秘书长潘基文认为中国在联合国和国际社会中具有举足轻重的地位，表示联合国期盼着与中国密切合作，以推动各项国际议程。

中国在联合国的积极影响，可以概括为以下几个方面。

首先是贯彻《联合国宪章》宗旨，推动建立国际新秩序。1974年4月，邓小平同志在联合国第6届特别会议上发言，指出国家不论大小，不论贫富，应该一律平等。1995年10月，江泽民同志在联合国成立50周年特别纪念会议上，就进一步推进人类和平与发展，共同缔造一个更为美好的世界发表重要讲话。在联合国成立60周年首脑会议上，胡锦涛同志提出建设一个持久和平、共同繁荣的和谐世界。中国领导人的讲话受到国际社会的普遍关注。

其次是坚持公正立场，维护发展中国家权益。中国在许多重大问题上始终坚定站在发展中国家一边，不断推动南南合作与南北对话，有力地维护了发展中国家的正当利益。

第三是积极主张通过对话解决争端，努力维护世界和平与稳定。中国一贯强调以和平方式解决国际争端，反对动用武力或以武力相威胁。2003年美国以反恐为名准备入侵伊拉克，中国与俄罗斯、德国、法国等国家坚持和平立场，反对美对伊动武。在其他热点问题上，中国也本着劝和促谈的原则积极斡旋，为缓解地区紧张局势做出了重要贡献。

第四是坚决捍卫国家主权和领土完整，中国积极参与联合国各个领域有关问题的讨论，维护自身利益。

当前，中国与联合国已经发展起密不可分的关系。中国需要联合国的舞台加强与世界各国的交流，为人类的和平与发展做出应有的贡献。另一方面，没有代表世界1/5人口的中国参与，联合国就会在很大程度上丧失其普遍性，许多国际问题也无法得到根本解决。展望未来，中国与联合国的合作关系必将进入一个更加成熟的发展阶段。

中国对于和平与裁军问题的立场

在饱经两次世界大战战火和持续数十年的冷战后，维护和平已成为各国人民的共同心声。进入新世纪以来，国际形势发生了深刻而复杂的变化，世界安全局势总体保持稳定，但仍存在许多不和谐、不稳定因素，传统和非传统的安全威胁相互交织。军控和防扩散依然任重道远，恐怖主义也严重威胁着国际社会的安全。为维护世界长久和平，需要各国在联合国框架内不断加强协调与配合，并积极履行国际义务。

中国热爱和平，需要在和平环境中进行建设。中国自1971年恢复在联合国的合法席位后，积极参加各种审议裁军问题的会议，并就裁军问题提出了一系列建议。中国不仅积极倡导裁军，而且还主动采取了许多实际裁军行动。中国单方面裁军行动范围广、幅度大，为国际裁军、维护世界和平事业做出了重大贡献。

作为拥有核武器的国家，中国从不回避自己在核裁军方面应尽的责任和义务。自拥有核武器的第一天起，中国就承诺不首先使用核武器。同时，中国坚决反对核扩散，主张彻底销毁核武器。多年来，中国积极参与防扩散进程，还参加了相关领域的国际条

191

约和国际组织。为维护地区稳定，中国坚持劝和促谈立场，积极开展多边外交。在朝鲜核问题上，中国始终致力于实现朝鲜半岛无核化，大力推动六方会谈进程，为维护半岛和东北亚地区的和平与稳定发挥了重要作用。在伊朗核问题上，中国与有关各方密切合作，力求通过政治、外交等手段妥善解决该问题，以维护中东地区稳定。

恐怖主义是国际社会面临的共同威胁。中国政府非常重视联合国在反恐方面的作用，已参加了多个由联合国制定的反恐国际公约。同时，中国还积极开展与其他国家的司法合作，以共同打击恐怖主义。中国认为，恐怖主义的产生有着复杂的政治、经济和社会背景，打击恐怖主义要标本兼治，特别是重视解决贫困和发展问题，推动不同宗教和文明间的对话，以消除产生恐怖主义的根源。

中国与联合国千年发展目标

在 2000 年 9 月举行的联合国千年峰会上，世界各国的元首和政府领导人通过了《千年宣言》，为国际社会实现发展的美好前景规划了蓝图。

作为世界上最大的发展中国家，中国的发展对世界有着深远影响。中国政府将实现经济与社会全面发展以及提高人民生活水平视为首要任务。特别是改革开放 30 年来，中国的经济社会发展取了举世瞩目的成就，顺利实现了从计划经济体制到市场经济体制的历史性转变，国民经济连续多年保持快速增长势头，人民生活水平也得到极大提高，教育、公共卫生和文化等各项社会事业全面发展。加入世界贸易组织后，中国以前所未有的深度和广度参与到经济全球化进程之中，与世界各国经贸合作不断加深，成为世界经济发展的重要支柱。根据联合国有关报告显示，2009 年中国对世界经济增长的贡献率将达到 50%。

进入新的世纪，中国政府提出以科学发展观为指导，实现全面建设小康社会的总体目标。中国的发展规划与联合国千年目标有许多相似之处。两者均突出以人为本的理念，着力改善人民生活；注重全面均衡发展，促进经济与教育、卫生等方面的协调；

强调可持续发展，把保护环境作为重要内容。中国政府把建设和谐社会与联合国千年发展目标有机统一起来，不仅进一步树立起负责任的大国形象，也将给中国和世界各国人民带来福祉。

虽然中国在发展过程中还面临诸多挑战，但30年改革开放的成果不仅为未来的发展奠定了坚实基础，也有利于更好地履行中国对联合国千年目标的承诺。中国已提前实现了将贫困人口减半和普及初级教育等目标，并有望在2015年前实现全部目标。同时，中国还尽其所能为促进千年发展规划在全球范围的实现做出贡献。通过中非论坛等机制，中国向广大发展中国家提供了无私援助，并积极建立互利互惠的新型合作关系。联合国高级官员对中国执行千年发展目标所取得的成绩给予高度评价，表示联合国愿继续与中国加强合作，推动千年发展目标如期实现。

中国参与联合国维和行动

　　维和行动是联合国重要责任之一。自1948年巴勒斯坦停战监督组织建立以来，联合国维和行动发挥着日益重要的作用，为维护世界和平与安全做出了积极贡献。

　　中国作为联合国安理会常任理事国，一贯重视并支持联合国在《联合国宪章》宗旨和原则指导下，为维护国际和平与安全发挥积极作用。

　　中国参与联合国维和行动坚持联合国公认的三项原则：同意原则，维和行动只有征得有关各方的一致赞同才能实施；中立原则，维和行动是《联合国宪章》中规定的临时办法，并不妨碍有关当事国之权利、要求或立场；非武力原则，维和部队只有在自卫时方可使用武力。

　　中国参与维和行动的 5 条特定原则：第一，重视并支持开展符合《联合国宪章》精神的维和行动；第二，加强安理会主导作用；第三，应该把有限的维和资源优先投入到最需要的地方，不要在不具备条件的地区实施维和行动；第四，在规划和部署维和行动时，不能采取双重标准；第五，维和行动是联合国维护和平与安全的重要手段，但不是唯一手段，根本还是要消除冲突的根

195

源。

随着形势的发展和自身影响的上升，中国从20世纪80年代末开始对联合国维和行动采取区别对待、积极支持的态度。1988年，中国加入联合国维持和平行动特别委员会。1990年，中国第一次向联合国停战监督组织派出军事观察员。1992年，中国组建了第一支维和部队，前往柬埔寨执行任务。此后，中国分别向刚果（金）、利比里亚、塞拉利昂、海地、东帝汶、苏丹、黎巴嫩等国派遣维和部队。2007年9月，中国国防部维和事务办公室官员赵京民正式就任联合国西撒哈拉全民投票特派团部队指挥官，成为首位担任联合国维和部队高级指挥官的中国军人。据统计，自1990年以来，中国共参加18项联合国维和行动，累计派出维和官兵11063人次，有8名维和官兵在执行任务中牺牲。中国维和人员不畏艰难困苦，无私奉献，展现出伟大的人道主义精神，以实际行动赢得了联合国和有关国家的高度赞誉。

中国主张加强安理会的主导作用，将始终坚持在和平共处五项原则的基础上同所有国家发展友好关系，增进政治互信，开展安全合作。

中国参与联合国
人权领域活动

　　中国曾长期遭受列强侵略，深知和平来之不易、人权弥足珍贵。中国政府本着"以人为本、执政为民"的理念，采取一系列有效措施，大力发展经济、完善民主法制、高度关注民生，全面提高了人民享受各项人权的水平，在消除贫困、实现义务教育、加强妇幼保健、保护残疾人等弱势群体权益方面，取得了举世瞩目的成就。如今，"尊重和保障人权"已成为中国宪法的重要原则，这充分体现了中国促进和保障人权的坚强决心。中国政府重视联合国在促进和保障人权方面发挥的重要作用，已加入《经济、社会和文化权利国际公约》等多项国际人权公约，在积极履行公约义务的同时，根据公约规定及时提交履约情况报告，接受联合国条约机构的审议。此外，在平等和相互尊重的基础上，中国积极开展双边人权对话与交流，增进了中国与其他国家在人权问题上的相互了解与合作。

　　自1971年恢复联合国合法席位后，中国开始参与联合国大会和联合国经济及社会理事会关于人权问题的讨论，并自1979年起连续3年作为观察员出席联合国人权委员会会议。1981年，中国在经社理事会组织会议上当选为人权会成员国。自1982年起正式担任人权会成员国，连选连任至今。

1990年以来，美国等西方国家无视中国在促进和保护人权与基本自由方面取得的巨大成就，先后11次在人权会上提出所谓"中国人权状况"的反华提案，均因遭到多数成员国的反对而以失败告终。

2005年，中国派代表团出席人权会第61届会议。会议审议了经社文权利、公民和政治权利、国别人权、种族主义、妇女儿童权利和被占巴勒斯坦领土人权保护等21项议题，通过了90项决议和17项决定。中国代表团积极参加了有关议题的讨论和磋商。

2005年，中国政府还派代表团出席了经社理事会实质性会议和第60届联合国大会第三委员会会议，参加了有关人权问题的审议。

2006年3月，第60届联合国大会以高票通过一项决议，决定设立人权理事会以取代人权委员会。在同年5月举行的联大投票选举中，中国成为人权理事会首届成员国。这表明，中国人权事业取得的成绩赢得了世界大多数国家的尊重和认可。作为人权理事会成员，中国在继续大力发展本国人权事业的同时，认真负责地履行理事会成员国的职责，积极参加各种人权机制运作和人权专题讨论，致力于促进国际人权对话与合作，为促进国际人权事业的发展做出了积极贡献。

当然，世界各国仍面临着发展人权事业的长期任务。中国政府将继续努力，秉持以人为本的理念，促进经济社会全面协调发展，让全体人民共享改革和发展的成果，使中国的人权事业不断取得新的进步。

中国对联合国改革的立场

中国认为，作为最具普遍性、代表性和权威性的政府间国际组织，联合国在国际事务中发挥着不可或缺的作用，是维护世界和平与促进发展的重要舞台。另一方面，随着国际形势的变化，迫切需要对联合国进行综合改革。

自成立以来，联合国这个国际大家庭的规模有了大幅增长，大批发展中国家和中小国家的加入，在很大程度上改变了联合国成立之初的面貌。同时，国际关系民主化、法治化已经成为不可阻挡的历史潮流，多边主义和多边合作日益成为各国外交的重要领域。而联合国成立于60多年前，其机制的许多方面越来越不适应国际形势的发展。通过改革提高联合国的效率和行动能力，使其更好地应对各种挑战，已成为国际社会的普遍共识。

中国积极主张对联合国进行有效改革，并认为改革应遵循以下重要原则：首先，改革应有利于推动多边主义，提高联合国的权威和效率以及应对新威胁和挑战的能力。其次，改革应维护《联合国宪章》的宗旨和原则，特别是主权平等、不干涉内政、和平解决争端、加强国际合作等。第三，改革是全方位、多领域的，要加大在发展领域的投入，推动落实千年发展目标。第四，改革应最大限度地满足所有会员国、尤其是广大发展中国家的要求和关切。第五，改革应先易后难、循序渐进，对尚存分歧的重大问题要采取谨慎态度，通过磋商凝聚共识，努力达成最广泛的一致。

安理会改革是联合国改革的重要方面，并受到国际社会的普遍关注。中国始终支持对安理会进行必要、合理的改革，使其更好地维护广大会员国的利益。扩大安理会成员是一个复杂的问题，应考虑到许多因素，如不同地区、不同国家代表性的平衡问题，特别是发展中国家的代表性问题。发展中国家在联合国会员国中占总数的2/3以上，但在安理会的代表性严重不足。让更多国家，特别是中小国家有更多的机会轮流进入安理会，参与其决策，坚持地域平衡原则，并兼顾不同文化和文明的代表性，有利于增加安理会的代表性，作出的决定更能反映国际社会绝大多数国家的共同意志。

中国主张，改革是联合国全体成员国的共同事务，应充分发扬民主，听取各方意见，照顾各方利益。改革方案应最大限度地满足所有成员国、特别是多数发展中国家的要求和关切，为会员国所普遍接受。改革应本着先易后难、循序渐进的原则，不能急于求成，不人为设定时限或强行推动作出决定。改革的结果应有助于维护和增进联合国会员国的团结。对有重大分歧的问题要采取谨慎态度，充分磋商，争取广泛一致。如果改革引发严重分歧，造成分裂，就达不到改革的目的，就失去了改革的意义，甚至适得其反。

在各方共同努力下，联合国改革取得了一系列积极进展。成员国对推动改革进程的态度也趋向务实，主张通过磋商与合作找到各方均能接受的方案。但联合国改革是个复杂的过程，改革任重道远。